Kleines Hufeisen
Großes Hufeisen

Pferdepflege macht Spaß

geschrieben von
Isabelle von Neumann-Cosel,
illustriert von Jeanne Kloepfer

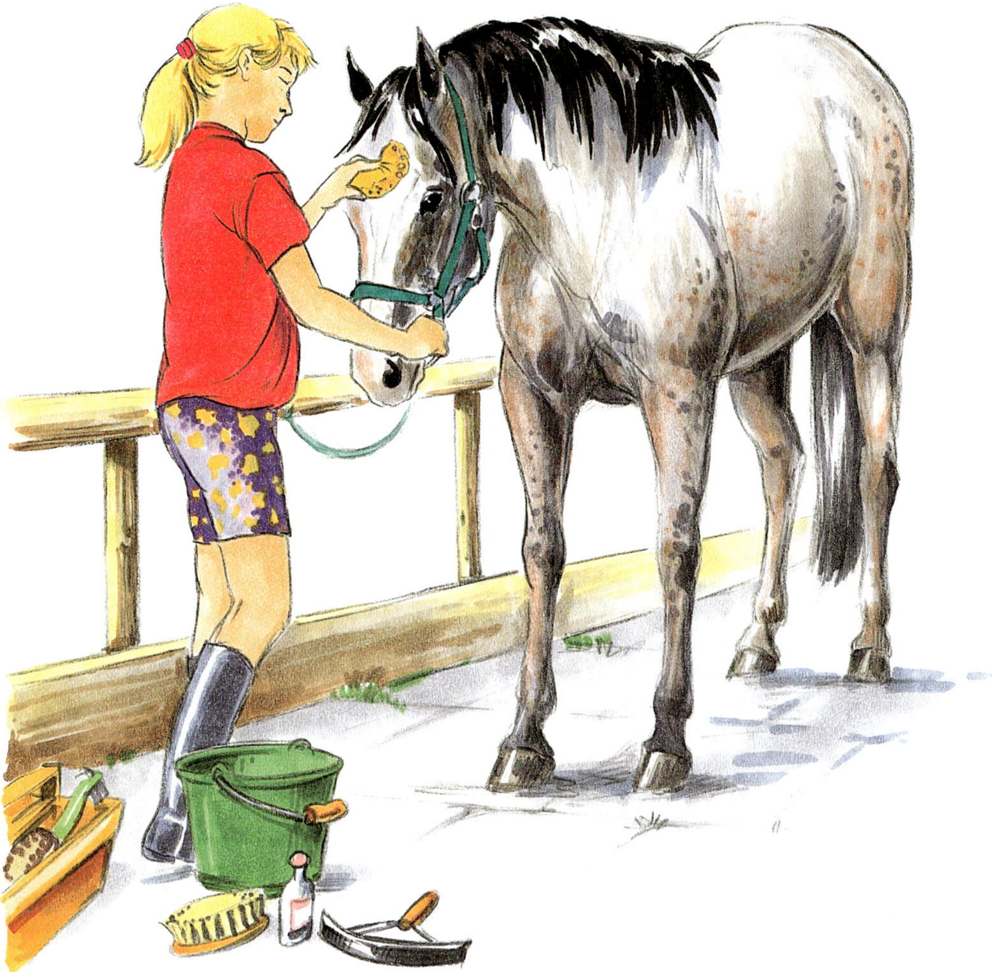

Die Deutsche Bibliothek – CIP-Einheitsaufnahme

Pferdepflege macht Spaß / geschrieben von Isabelle von Neumann-
Cosel. Ill. von Jeanne Kloepfer. – Warendorf : FN-Verl. der Dt.
Reiterlichen Vereinigung, 1998
   (FN-Hufeisen-Sachbuch) (Kleines Hufeisen – Großes Hufeisen)
   ISBN 3-88542-322-7

© 1998 **FN**_verlag_ der
Deutschen Reiterlichen Vereinigung GmbH, Warendorf
Alle Rechte vorbehalten.
Nachdruck, auch auszugsweise, nur mit schriftlicher
Genehmigung des Verlages.

Autorin: Isabelle von Neumann-Cosel, Edingen-Neckarhausen
Illustratorin: Jeanne Kloepfer, Heidelberg
Layout: Medium GmbH, Beelen
Fotos: C.T. Nebe, Ladenburg,
Seiten 20, 23, 25, 30, 33, 43 und 47.
Peter Prohn, Barmstedt, Seiten 6, 11 und 29.
Jean Christen, Mannheim, Seite 41.
Lithografie: D & L Reichenberg GmbH, Bocholt
Digitale Bogenmontage, Druck und Verarbeitung:
Media-Print, Paderborn

ISBN 3-88542-322-7

Wo finde ich was?

Ein Pelzmantel für alle Jahreszeiten
Perfekter Schutz vor Wind und Wetter

Natürlicher Schutz

Das Pferdefell ist ein kleines Wunderwerk der Natur. Der natürlich gewachsene Pelzmantel eines Pferdes paßt sich hervorragend jeder Jahreszeit, jeder Temperatur und jedem Wetter an. Für Wärme wie für Kälte, für Wind wie für Regen, für Sonne wie für Schnee ist das Pferdefell erstaunlich gut ausgerüstet.

Frischluftfanatiker

Pferde können, wenn sie daran gewöhnt sind, das ganze Jahr über gut draußen leben. Mehr als einen trockenen Unterstand, der Schutz vor Regen und Wind bietet, brauchen sie nicht – ihr Fell schützt sie perfekt. Wenn es zum Beispiel plötzlich sehr kalt wird, dann wächst den Pferden in kürzester Zeit ein längeres Fell, damit sie sich wohl fühlen. Pferde frieren sehr selten!

→ Ein frierendes Pferd erkennst du am aufgestellten Fell und an der zuckenden Haut. Pferde sind weniger empfindlich gegen große Kälte, aber auch gegen große Hitze als

Tip

→ **Pflege dein Pferd so oft wie möglich an der frischen Luft!**

4

wir Menschen. Viel wichtiger als Wärme oder Schutz vor Regen brauchen sie frische Luft.

Sommerhaar, Winterhaar

Der größte Unterschied im Pferdefell besteht zwischen Sommerhaar und Winterhaar.
- Im Sommer ist das Fell der Pferde kurz und glatt.
- Im Herbst verlieren die Pferde das kurze Deckhaar; dafür wächst dichtes Unterhaar und langes Deckhaar.
- Im Winter wachsen die Deckhaare je nach Temperatur mehrere Zentimeter nach.
- Im Frühjahr verlieren die Pferde das Winterfell, und das kurze Sommerhaar kommt wieder.

Die Zeit, in der die Pferde Sommer- oder Winterhaar verlieren, nennt man Fellwechsel. Im Frühjahr dauert der Fellwechsel mehrere Wochen lang.

→ Achte während des Fellwechsels genau auf den Gesundheitszustand deines Pferdes! In dieser Zeit sind Pferde oft besonders anfällig für Krankheiten.

Zarte Haut

Die Haut des Pferdes ist empfindlich. Pferde spüren leise, feine Berührungen und leiden unter Insekten-

stichen. Anders als wir können sie mit ihrer Haut gezielt zucken, zum Beispiel um eine Fliege zu vertreiben. Und genau wie wir können sie über die Haut Schweiß absondern.

Isolierender Schichtbau

Eine isolierende Talg-Fettschicht schützt die Haut vor eindringender Feuchtigkeit. Bei Weidepferden hilft auch noch eine Staubschicht, Kälte und Wind abzuwehren.

Ein feines, dichtes Unterfell, das sich im Winter zu einem feinsten weichen „Wollpullover" auswächst, sorgt dafür, daß die Körperwärme nicht verloren geht. Die Deckhaare – im Winter lang und dicht, im Sommer fein und kurz – schützen die Pferdehaut vor allen äußeren Einflüssen.

Jedes Haar hat seinen Sinn
Alles über Mähne und Schweif, Tasthaare und Fesselbehänge

Vielerlei Fell

Es gibt lange und kurze, weiche und harte, struppige und zarte Pferdehaare. Die Unterschiede bestehen nicht nur von Rasse zu Rasse, von Pferd zu Pferd oder von Jahreszeit zu Jahreszeit, sondern auch im Fell eines einzigen Pferdes.
➔ Vergleiche einmal das dichte Fell auf der Kruppe mit dem zarten Fell in der Nähe des Pferdemauls!

Zahllose Wirbel sorgen dafür, daß die Haare in einer ganz bestimmten Richtung liegen – nämlich so, daß Regenwasser in der vorgegebenen Richtung abperlt. Und kein Pferd hat genau die gleichen Wirbel wie ein anderes…

Die langen Haare

Mähnen- und Schweifhaare der Pferde bieten einen perfekten Schutz: Unter einer seitlich fallenden Mähne bleibt der Mähnenkamm bei jedem Wetter trocken. Ein dichter, bis zu den Augen reichender Schopf bildet einen Sicherheitsvorhang vor den Augen.

Die Schweifhaare schützen den After und bei Stuten auch die Scheide und den Harnröhrenausgang vor Nässe, Wind und Fremdkörpern.

Außerdem helfen die Langhaare den Pferden bei der Abwehr von lästigen Insekten. Ihren Schweif können Pferde sogar gezielt als Schlagwerkzeug einsetzen.

Tip

➔ Schaue einmal dein Lieblingspferd genau an: Wieviele Wirbel hat es an der Stirn, ungefähr zwischen den Augen? Auch das sind Erkennungszeichen!

*Araber (oben) haben ein feines, glattes,
Robustpferde (rechts) ein längeres, rauhes Fell.*

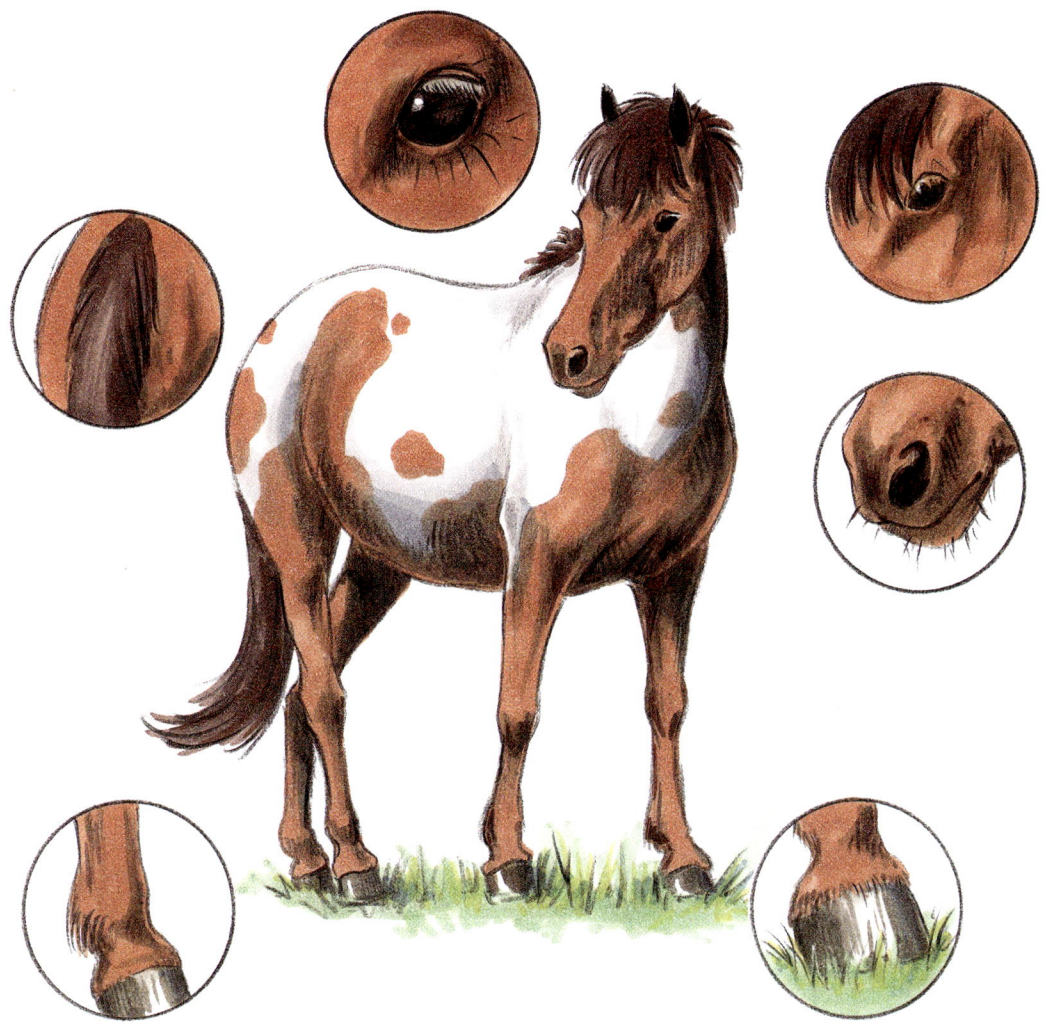

Kleine Haare, große Wirkung

Dichte, leicht überstehende Haare in den Ohren lassen weder Nässe noch Fremdkörper in die Ohren eindringen.

Der Fesselbehang gehört bei manchen Rassen zu den typischen Rassemerkmalen. Er läßt Wasser von den Beinen abgleiten und hält so die empfindlichen Fesselbeugen trocken.

Gleichmäßig überstehende Haare am oberen Hufrand schützen das Wachstumszentrum des Hufes.

Besonders leistungsfähig sind die langen, einzeln abstehenden Tasthaare rund um Maul und Nüstern und vereinzelt auch über den Augen.

Mit ihrer Hilfe können Pferde zum Beispiel zweifelsfrei fremde Bestandteile aus ihrem Futter aussortieren. Wer die langen Haare seines Pferdes aus Schönheitsgründen frisiert, muß für einen entsprechenden Ausgleich in der Pflege sorgen. Denn so richtig überflüssig ist von den vielen verschiedenen Haaren eines Pferdes eigentlich kein einziges...

Viel besser als Striegel und Bürste
Wie Pferde ihr Haar selbst pflegen

Wälzen muß sein

Stell dir vor, du wäschst dein Pferd im Sommer einmal vom Kopf bis zu den Hufen, von der Mähne bis zum Schweif und wienerst es auf Hochglanz. Anschließend stellst du es auf die Koppel. Was würde es vermutlich als erstes tun?

Richtig: Es würde sich an der sandigsten, noch besser matschigsten Stelle, die es finden kann, wälzen.

Denn eine dicke Isolierschicht schützt am besten gegen die aufdringlichen Insekten, die zu dieser Jahreszeit in Massen unterwegs sind...

Pferde haben durchaus ihre eigene Vorstellung von der Fellpflege, und die stimmt nicht immer mit unserer Meinung überein!

Was Pferde selbst können

Pferde sind selbst gute Pfleger. Sie reiben und rubbeln ihr Fell, sie glätten es und rauhen es auf, sie jucken und kratzen sich,

sie trocknen ihr Fell oder halten es feucht, sie imprägnieren es mit einer getrockneten Matschkruste gegen Insekten und schütteln losen Staub, Wassertropfen oder Fremdkörper einfach ab.

Juckende Stellen können Pferde nahezu am ganzen Körper selbst erreichen. Mit ihren Zähnen bearbeiten sie lästige Insektenstiche, und sie können sich sogar hinterm Ohr kratzen!

Vergnügen allerorten

Sich wälzen zu können, ist für das Wohlbefinden der Pferde unverzichtbar. Andererseits wälzen sich Pferde auch nur dann, wenn sie sich wohl fühlen. Als Fluchttiere sind sie im

Tip

→ **Schau dir einmal ein Pferd auf der Weide von nahem an – du wirst staunen, wie sauber es ist.**

Um sich hinzulegen, klappt ein Pferd erst die Vorder-, dann die Hinterbeine ein.

Viele Pferde schaffen es, über den Rücken auf die andere Seite zu kullern.

Liegen hilflos. In diese Situation lassen sie sich nicht bringen, wenn sie ängstlich oder aufgeregt sind.

Pferde wälzen sich mit Vergnügen auf verschiedenartigstem **Untergrund**:

- Stroh
- Sägespäne
- Sand
- Gras
- Matsch
- Schnee

➡ Wenn du eine Box betrittst, in der ein Pferd liegt, dann rechne damit, daß es rasch aufspringt.

Festliegen im Stall

Beim Wälzen können Pferde in eine Lage geraten, aus der sie allein nicht

wieder aufstehen können. Sie haben nicht genug Platz, um ihre Vorderbeine aufzustemmen. **Festliegen**, wie diese Lage in der Reitersprache heißt, ist für Pferde sehr unangenehm. Oft geraten sie in **Panik** und schlagen wild um sich.

➡ Wenn du ein festliegendes Pferd entdeckst, mußt du sofort Hilfe holen!

Zum Aufstehen stemmt das Pferd sein Körpergewicht mit den Vorderbeinen hoch.

Nach dem Wälzen schüttelt das Pferd Staub, Sand oder Wassertropfen aus dem Fell.

9

„Kraul mich doch mal genau hier!" Wie Pferde sich gegenseitig pflegen

Freundschaft schließen

Pferde sind keine Einzelgänger – ohne die Gesellschaft anderer Pferde fühlen sie sich unsicher und allein. Aber sie vertragen sich bei weitem nicht mit allen anderen Pferden! Was ihre engen Freunde angeht, sind Pferde mindestens so wählerisch wie wir. Es macht Spaß, beobachten zu können, wie Pferde miteinander Freundschaft schließen.

Das geht meist so vor sich: Die beiden beobachten sich gegenseitig und stellen erst einmal fest, ob ihnen das Gegenüber auf den ersten Blick sympathisch oder unsympathisch ist. Beim direkten Kontakt Nase an Nase können sie dann ziemlich schnell feststellen, ob sie ihren Artgenossen riechen können oder nicht. Manchmal wird erst weitergeschnuppert, manchmal auch gleich drohend gequietscht.

Nur Pferde, die sich gut leiden können, dulden sich gegenseitig in direkter Nähe. Berührungen erlauben Pferde nur ihren Freunden, Stuten ihren Fohlen, Jungpferde ihren besten Spielkameraden.

Tip

Wenn du einmal ein Fohlen streicheln darfst – kraule es am Widerrist. Dann wird es verstehen, daß du sein Freund sein willst.

Vertreib du meine Fliegen...

Nur zwischen besonders vertrauten Pferdefreunden kannst du einen besonderen Freundschaftsdienst beobachten: Pferde wedeln sich oft gegenseitig die lästigen Insekten aus dem Gesicht.

Der Pferdeschweif ist eine gute Waffe gegen Insekten. Leider reicht er nicht bis zum eigenen Kopf eines Pferdes – aber bis zum anderen Pferd. Um gemeinschaftlich mit der Insektenplage fertigzuwerden, stellen sich Pferde seitenverkehrt dicht nebeneinander auf. Der Schweif des einen Pferdes kann auf diese Weise problemlos dem Kopf des anderen als Fliegenwedel dienen.

Freundschaftsbeweis

Der beste Freundschaftsbeweis, den Pferde sich erbringen können, ist das gegenseitige Fellkraulen. Dazu stellen sich die neu gewonnenen Freunde einander gegenüber auf, und zwar so nah zusammen, daß einer den anderen gründlich am Mähnenkamm, Hals und Widerrist kraulen kann.

Dazu benutzen Pferde ihre Zähne, und das Kraulen ist eigentlich ein sanftes Knabbern. Dabei machen beide ein geradezu wonnevolles Gesicht und strecken sich dem Freund genüßlich entgegen, gerade so, als wollte einer zum anderen sagen: „Kraul mich doch mal bitte genau hier!"

Man sieht den Pferden dabei genau an, wie sehr sie jede Berührung genießen.

Pferde anfassen

Pferdepflege ist ein Freundschaftsbeweis zwischen Mensch und Pferd. Denn nur von Menschenfreunden läßt sich ein Pferd gern berühren.

Putzen hat mehr mit Streicheln zu tun, als es auf den ersten Blick aussieht. Benutze deswegen nicht nur Werkzeug, sondern deine Hände zum Putzen. Mit deinen Händen kannst du spüren, wie sich die Haut des Pferdes anfühlt. Du kannst Schwellungen, Druck und Scheuerstellen, Hautekzeme und kleine Verletzungen viel eher fühlen, als du sie siehst. Mit deinen Händen kannst du dein Pferd besonders gut kennenlernen.

→ Gewöhne dir an, ein Pferd beim Putzen gründlich überall anzufassen!

Pferde putzen heißt Freundschaft schließen
Wo und wie Pferde gerne geputzt werden

Was du nicht willst...

Was du nicht willst, daß man dir tu,
das füg auch keinem Pferde zu:

➡ Vermeide beim Putzen unbedingt, das Pferd zu kitzeln oder ihm weh zu tun. Um die **empfindlichen Stellen** eines Pferdes herauszufühlen, tastest du seinen ganzen Körper am besten erst einmal mit beiden Händen ab.

Tip

➜ **Pferde, denen Striegeln unangenehm ist, lassen sich oft lieber mit einem weichen Massagestriegel bearbeiten.**

Spürst du, wo die **Knochen** dicht unter der **Haut** sitzen – zum Beispiel am Kopf, an der Wirbelsäule oder an den Gelenken der Beine? Dort sind

Kitzlige und empfindliche Stellen

Pferde ebenso **stoßempfindlich** wie du im Gesicht und an den Ellbogen. All diese Stellen mußt du beim Putzen **vorsichtig behandeln**.

Wenn du dir vorstellst, wo du selbst kitzlig bist, kommst du schnell darauf, wo Pferde **kitzlig reagieren** können: besonders am Bauch und in der Flanke. Putze dort mit langen Bürstenstrichen und

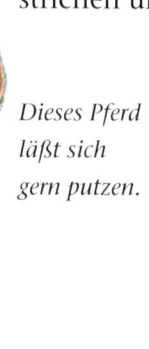

Dieses Pferd läßt sich gern putzen.

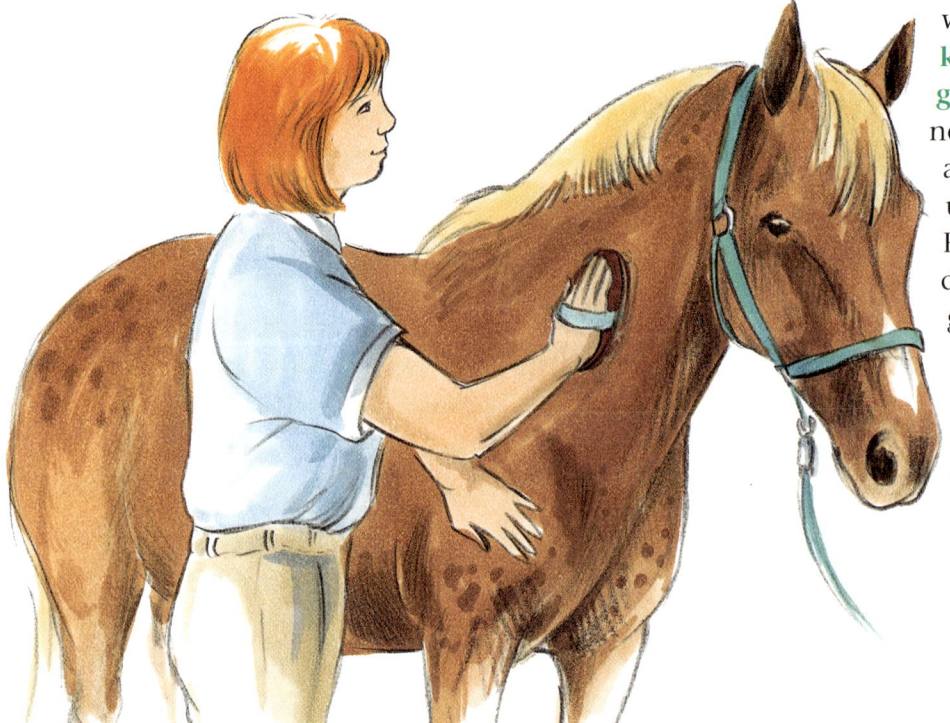

bemühe dich um **gleichmäßigen Druck**.

Dieses Pferd läßt sich ungern putzen.

Putzen soll Spaß machen

Putzen ist ein **Freundschafts-dienst**, den du für dein Pferd – hoffent-lich – gern auf dich nimmst. Und genau-so gern nimmt das Pferd diesen **Freund-schaftsbeweis** ent-gegen. So sollte es jedenfalls sein – aber nicht alle Pferde scheinen Spaß daran zu finden, geputzt zu werden.

Streit mit dem Pferd beim Putzen ist eine denkbar **ungünstige Einstimmung** auf eine gemeinsame Reitstunde. Damit die Pferdepflege nie in beid-seitigen **Stress** ausartet, mußt du ein paar wichtige **Grundregeln** im **Umgang** mit dem Pferd beachten.

Vertrauen ehrt...

Es gibt das respektlose Sprichwort „Vertauen ehrt – Kontrolle ist besser". Gehe immer **sicherheitsbewußt** mit dem Pferd um und **behalte** es im **Blick**. Gesichtsausdruck, Ohrenspiel und Körperhaltung des Pferdes verra-ten dir, ob es sich wohlfühlt oder sich aufregt, ob es gelassen oder schlechter Laune ist.

An diesen **Anzeichen** erkennst du, daß ein Pferd sich **wohl fühlt**:
- ■ entspannte Körperhaltung
- ■ ruhiges Stehen
- ■ gespitzte Ohren
- ■ ruhige, manchmal halb geschlossene Augen.

An diesen **Anzeichen** erkennst du, daß ein Pferd sich **unwohl fühlt**:
- ■ angespannte Körperhaltung
- ■ Herumzappeln
- ■ angelegte Ohren
- ■ unruhige, aufgerissene Augen

→ Behandle ein unzufriedenes Pferd stets ruhig, aber energisch. Versuche, den Grund für sei-nen Ärger herauszufinden.

Mit Strick und Halfter zum Putzplatz
Führen und Anbinden

Mit Halfter und Strick

Zum Putzen solltest du ein Pferd immer **aufhalftern** und **anbinden**. Stell dich zum Aufhalftern in Höhe der Schulter **links** neben das Pferd. Überprüfe, wie dein **Halfter** geöffnet und geschlossen wird – es gibt verschiedene Modelle. Fasse mit der **rechten Hand** unter dem Pferdehals durch auf die **Nase**; so hast du den Kopf des Pferdes am besten unter Kontrolle.

Verwende einen **Anbindestrick** mit einem sogenannten **Panikhaken**. Dieser Haken läßt sich selbst dann öffnen, wenn das Pferd in Panik mit voller Kraft am Strick zerrt.

Tip

➜ **Vorsicht beim Begegnen in der Stallgasse!**
Hier kann oft der nötige Sicherheitsabstand nicht eingehalten werden.

➜ Putze immer nur im Notfall in der Box!

Verwende den **Strick** auch zum **Führen**. Gehe dabei neben oder etwas vor der **linken Pferdeschulter**, so daß du deinen rechten Arm noch leicht gebeugt halten kannst. Das **Strickende** bleibt in deiner **linken Hand**.

➜ Wickle den Führstrick nie um die Hand, damit ein durchgehendes Pferd dich nicht mitschleift!

Zu kurz angebunden

Der Putzplatz

Ein **geeigneter Putzplatz** verfügt über genügend Platz, Licht und Luft, einen sauberen, ebenen Boden und eine sichere **Anbindevorrichtung**. In Reichweite des Pferdes darf nichts herumliegen oder angebracht sein, an dem es **hängenbleiben** oder sich **verletzen** könnte.

Zu tief angebunden

Die Kunst des Anbindens

Die richtige **Länge** des **Anbindestricks** läßt sich nicht genau in Zentimetern vorgeben. Manche Pferde lassen sich ziemlich kurz anbinden, andere fühlen sich nur am etwas längeren Strick wohl. Allerdings gilt es, die typischen **Fehler** beim **Anbinden** zu vermeiden:

- ■ zu kurz (Gefahr von Panik)
- ■ zu lang (das Pferd kann über den Strick steigen und sich darin verheddern)
- ■ zu tief (ähnlich wie zu lang)
- ■ zu hoch (das Pferd kann nicht in entspannter Haltung stehen)

Verwende zum Anbinden stets einen **vorschriftsmäßigen Anbindeknoten**. Er zieht sich nicht fest, selbst wenn das Pferd mit aller Gewalt daran zerrt, und du kannst ihn notfalls mit nur **einer Hand** öffnen.

➜ Binde dein Pferd niemals an einem beweglichen Teil (Schiebetür, Fensterladen) an!

Korrekt angebunden

Putzen in der Stallgasse

In vielen Reitställen wird in der **Stallgasse** geputzt. Dabei ist es zweckmäßig, das Pferd gleichzeitig von **rechts** und **links** am Halfter **anzubinden**. Es muß allerdings daran gewöhnt sein!

Zu lang angebunden

Das Werkzeug muß stimmen
Welches Putzzeug wofür am besten taugt...

Die Putzkiste

Alles, was du zum Pferdeputzen brauchst, verstaust du am besten in einer Putzkiste – sie muß nicht unbedingt aus dem Reitsportgeschäft sein! Die preiswerteste Lösung ist ein Eimer oder eine offene Werkzeugkiste.

Tip

→ **Zeichne dein Putzzeug mit deinem Namen, dann geht es nicht so schnell verloren.**

Die Qual der Wahl

Das Angebot an Putzzeug in Reitsportgeschäften ist unübersehbar groß. Laß dich dadurch nicht verwirren! Farbe und Verzierung einer Bürste sagen nichts über ihre Qualität – ganz im Gegenteil.

Spare nicht an der Kardätsche. Sie muß in Größe und Form sowie in der Länge des Handgriffs zu deiner Hand passen. Qualitätsbürsten haben Borsten aus Roßhaar. Für kurzes, weiches Fell brauchst du eine weiche, für langes Fell eine harte Bürste. Als Ergänzung zur großen Kardätsche leistet eine kleine sogenannte Kopfbürste gute Dienste.

Die früher üblichen scharfen Eisenstriegel sind aus der Mode gekommen. Für Reitstallpferde reicht ein Plastikstriegel. Besonders beim Fellwechsel leistet ein gezackter Gummistriegel gute Dienste; den gibt es auch in Kindergröße für kleine Hände. Die beliebten Nadelstriegel taugen weniger zum Säubern als zum Massieren.

Nötig und nützlich

Du kannst deine Putzkiste bis zum Rand mit verschiedenartigstem

Der wichtigste Inhalt einer Putzkiste

Putzkiste und Putztuch

Schweißmesser

Huffett und Hufpinsel

Hufkratzer

Gummistriegel

Schwämme

Nadelstriegel

Kardätsche

Wurzelbürste

Mähnenkamm

Waschbürste

Werkzeug füllen. Aber nicht alles ist nötig, nicht einmal nützlich. Gute Dienste leistet dir eine **Wurzelbürste**. Es gibt sie in allen Größen und Formen, sogar mit Handgriff fürs lange Winterfell. Eine Bürste mit **längeren**, **weicheren Borsten** eignet sich vor allem dazu, vor dem eigentlichen Putzen das Fell oder auch die Decke von Spänen oder Strohresten zu befreien.

Die beliebtesten **Hufkratzer** haben zusätzlich zur Spitze eine kleine Bürste.

Die Spitze muß aus Metall sein – mit einem Plastikkratzer hast du gegen festgetretenen Dreck im Huf keine Chance.

Unbedingt brauchst du ein **Tuch** oder weichen **Lappen** (waschbar). Verklebte Stellen im Fell, vor allem aber gelbe Flecken im Schimmelfell lassen sich gut mit einem **Kokostuch** bearbeiten. Ein **Mähnenkamm**, zwei **Schwämme**, **Waschbürste** und **Schweißmesser** ergänzen dein Putzzeug.

17

Sicherheit geht vor
In Reichweite der Pferdehufe

Wie Pferde dich sehen

Pferde haben ganz andere Augen als wir Menschen. Beide Augen sind seitlich am Kopf angebracht, so daß ein Pferd gleichzeitig nach rechts und links schauen kann. Richtig scharf nimmt es allerdings nur das wahr, was es mit beiden Augen zugleich sieht. Dicht vor dem Kopf und hinter den Hinterbeinen sehen sie gar nichts; in diesen toten Winkeln solltest du dich nicht aufhalten! Nähere dich einem Pferd niemals unvermutet direkt von hinten. Es könnte erschrecken und ausschlagen. Stell dich beim Putzen auch nie direkt vor das Pferd.

➜ Sprich ein Pferd immer an, bevor du dich ihm näherst!

Immer von links

Wer ein Pferd putzt, muß sich dazu in der Reichweite aller vier Pferdehufe aufhalten. Der sicherste Standort für dich befindet sich dicht neben der Schulter des Pferdes. Das ist daher auch die Ausgangsstellung für alle Arbeiten am Pferd.

Tip

➜ **Behalte dein Pferd beim Putzen stets im Auge. So merkst du rechtzeitig, ob es sich ärgert, aufregt oder mit dem Schweif nach Insekten schlägt.**

Begonnen wird immer auf der linken Seite – übrigens nicht nur beim Putzen, sondern auch beim Umgang mit Halfter und Sattelzeug. Der Grund dafür ist ganz banal: Die meisten Menschen sind Rechtshänder; links neben der Pferdeschulter läßt sich die rechte Hand besser gebrauchen.

➜ Links oder rechts in der Reitersprache ist immer in der Blickrichtung des Pferdes gemeint.

Dicht neben der Pferdeschulter bist du vor den Hufen des Pferdes am sichersten. Pferde können mit den Vorderbeinen nur nach vorn, aber

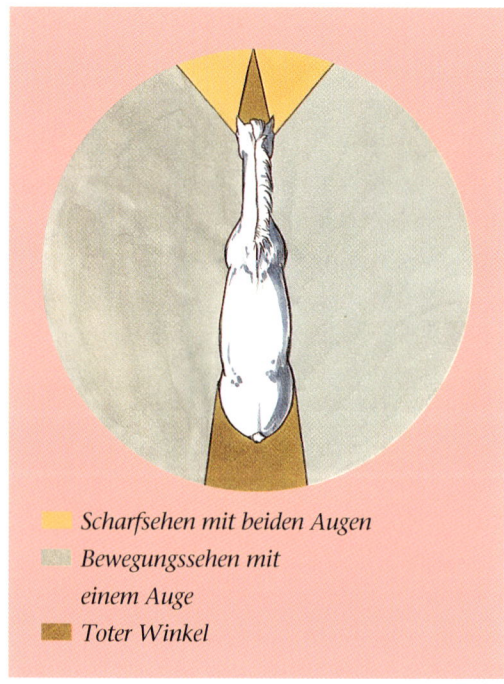

Scharfsehen mit beiden Augen
Bewegungssehen mit einem Auge
Toter Winkel

Dicht neben der Schulter bist du vor den Vorder- und Hinterbeinen des Pferdes sicher.

nicht zur Seite ausschlagen. Die **Hinterbeine** der Pferde haben rundum eine sehr viel größere Reichweite; aber bis zur Schulter reicht auch das Hinterbein nicht.

➜ Gewöhne dich an den Standort neben der Pferdeschulter!

Natürlich mußt du beim Putzen deinen Standort auch verändern, insbesondere, wenn du die Hinterhand erreichen willst. Versuche, dabei **dicht am Pferd** zu bleiben! So wirst du weniger leicht von einem Pferdehuf getroffen – auch nicht aus Versehen.

Von einer Seite zur anderen

Beim Putzen mußt du öfters von der einen auf die andere **Seite** des Pferdes wechseln. Dabei durchquerst du auch den toten Winkel vor und hinter den Pferdebeinen. Deswegen ist es wichtig, daß ein **Pferd** immer genau weiß, wo du dich gerade **befindest**.

■ Wenn du hinten um das Pferd herumgehst, dann lasse eine Hand auf der Kruppe des Pferdes liegen.

■ Wenn du unter dem Hals des Pferdes durchschlüpfst, halte mit einer Hand an der Brust des Pferdes Kontakt.

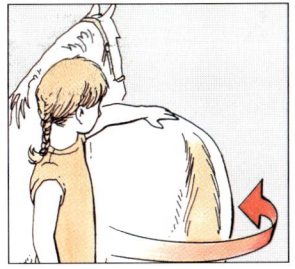

Behalte eine Hand auf der Kruppe, wenn du hinten um ein Pferd herumgehst.

Behalte eine Hand an der Brust des Pferdes, wenn du unter dem Hals durchschlüpfst.

Mit Striegel und Kardätsche
Die tägliche Fellpflege

Das tägliche Putzen dient zur
- Reinigung
- Massage
- Gesundheitskontrolle.

Tip

→ **Arbeite beim Putzen immer mit beiden Händen! Mit einer freien Hand kannst du das Pferdefell auf kleine Schwellungen, Verletzungen oder Hautekzeme abtasten.**

Links und rechts

Ob Rechts- oder Linkshänder – ein guter Pferdepfleger muß mit beiden Händen arbeiten können! Gewöhne dir gleich zu Beginn an, das Putzzeug in die richtige Hand zu nehmen.

→ Merke: Die Bürste kommt immer in die Hand, die zum Kopf des Pferdes zeigt, der Striegel in die andere.
Bei jedem Seitenwechsel mußt du auch dein Putzzeug wechseln.

Immer der Reihe nach

Das Pferdefell hat eine ziemlich große Oberfläche. Damit du beim Putzen nicht irgendein Stückchen vergißt, geh immer systematisch vor. Putze am besten erst die Vorhand, dann Rücken, Bauch und Flanke und schließlich die Hinterhand des Pferdes. Bearbeite die Innenseite des jeweils gegenüberliegenden Beines mit. Der Kopf kommt zuletzt an die Reihe.

→ Versuche dir vorzustellen, wo Sattel, Sattelgurt, Trense und Reithalfter sitzen. Dort dürfen auf keinen Fall verklebte Stellen bleiben, sonst riskierst du eine Druck- oder Scheuerstelle.

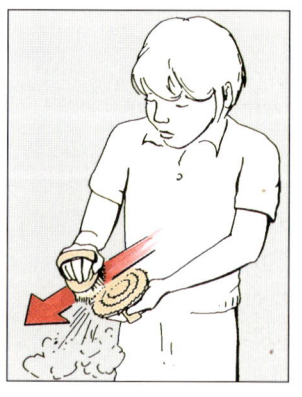

Streife die Bürste stets von dir weg am Striegel ab, dann fliegt dir der Staub nicht ins Gesicht.

➔ Bearbeite immer erst beide Pferdeseiten, bevor du das Werkzeug wechselst.

Mit der Wurzelbürste

Entferne zunächst Mist- und Strohreste, Späne und verklebte Stellen mit der Wurzelbürste. Ob und wie lange du damit beschäftigt bist, hängt von der Jahreszeit und von der Haltung des Pferdes ab.

Im langen Winterfell setzen sich Stroh und Späne eher fest als im kurzen Sommerhaar. Bei Weidepferden dagegen hast du vermutlich mehr zu tun – besonders dann, wenn sie sich vorher gewälzt haben.

Mit dem Striegel

Wenn du mit dem Striegel in kreisförmigen Bewegungen über das Pferdefell reibst, holst du eine feine Staubschicht an die Oberfläche. Diese Schicht hilft, die Haut vor Kälte und Nässe zu schützen. Pferde, die draußen leben, werden deshalb nicht staubfrei geputzt.

Halte den Druck auf das Fell mit dem Striegel möglichst gleichmäßig; stell dir vor, du wolltest dein Pferd dabei massieren!

Bearbeite nicht mit dem Striegel:
- den Pferdekopf
- Stellen, wo die Knochen direkt unter der Haut zu spüren sind
- alle möglicherweise kitzligen Stellen.

Mit der Kardätsche

Zuletzt bürstest du das Fell mit der weichen Kardätsche über. Arbeite mit langen Armbewegungen und folge der natürlichen Richtung der Pferdehaare. Streife die Bürste jedes Mal danach am Striegel ab.

Wenn sich auf diese Weise genug Staub im Striegel gesammelt hat, dann klopfe ihn in einiger Entfernung vom Pferd aus. Diese Striegelspuren heißen auch Striche.

Beim Militär mußten zur Strafe oft hundert Striche aus einem einzigen Pferdefell geputzt werden.

➔ Zähle einmal die Zahl deiner Striche nach einer gründlichen Säuberungsaktion.

Von Kopf bis Schweif
Langhaarpflege und was sonst noch dazu gehört

Den Kopf zuletzt

Der **Pferdekopf** ist **zuletzt** an der Reihe, weil er sonst beim Putzen von Hals und Brust leicht wieder staubig wird. Sei beim Putzen des Pferdekopfs besonders **vorsichtig** und einfühlsam. Manche Pferde haben **Angst** davor, sich am Kopf berühren zu lassen! Auf jeden Fall ist **Geduld** nötig; vielleicht hilft auch ein Leckerbissen.

> *Tip*
>
> → Säubere zuletzt auch den Putzplatz – freiwilliges Kehren wird in jedem Stall gern gesehen.

Nimm dem Pferd auf jeden Fall das **Halfter** ab und lege es um den **Hals**. Stell dich **neben** das Pferd, nie vor den Pferdekopf, wo es dich nicht sehen kann. Bleibe immer **hinter** dem **Pferdeauge**.

Lege dem Pferd einen **Arm** von **unten** um die **Nase** und halte es so behutsam fest. Bearbeite den Kopf nur mit einer **weichen** Bürste, einem Kokostuch oder Lappen. Bewege deine Hand vorsichtig vom Maul **aufwärts**.

→ Vermeide plötzliche Handbewegungen in Richtung auf das Pferdeauge!

Die langen Haare

Mähne und **Schweif** des Pferdes brauchen eine besondere **Pflege** mit speziellem Werkzeug. In ihnen bleiben Stroh, Mist oder Späne besonders gern hängen. Aber selbst wenn du es eilig hast – vermeide, den Pferden **Mähnen-** oder **Schweifhaare** unbedacht **auszureißen**! Eine gepflegte Mähne und ein voller, schöner Schweif gelten als der Stolz jedes Pferdebesitzers.

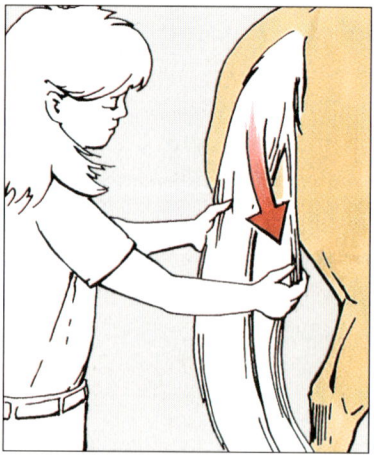

Wenn du den Kopf gründlich putzen willst, lege dem Pferd das Halfter um den Hals.

Der Schweif wird nicht gekämmt, sondern vorsichtig mit der Hand verlesen.

→ Bedenke: Ein Schweifhaar braucht sieben Jahre, bis es in voller Länge nachgewachsen ist!

Die **Mähne** bürstest du am besten mit einer nicht zu harten **Wurzelbürste** ab. Benutze einen speziellen **Mähnenkamm** nur dann, wenn du damit die Mähne ohne Zerren und Reißen durchkämmen kannst.

→ Bearbeite **nie** den Schweif mit dem Mähnenkamm oder einer scharfen Bürste! Wenn es einmal schnell gehen muß – laß den Schweif lieber so, wie er ist.

Die sicherste Methode, einen **Schweif** zu pflegen, ist, ihn mit der Hand zu **verlesen**. Dazu nimmst du die Schweifhaare in die Hand und entwirrst sie vorsichtig Strähnchen für Strähnchen. Das kostet allerdings viel Zeit.

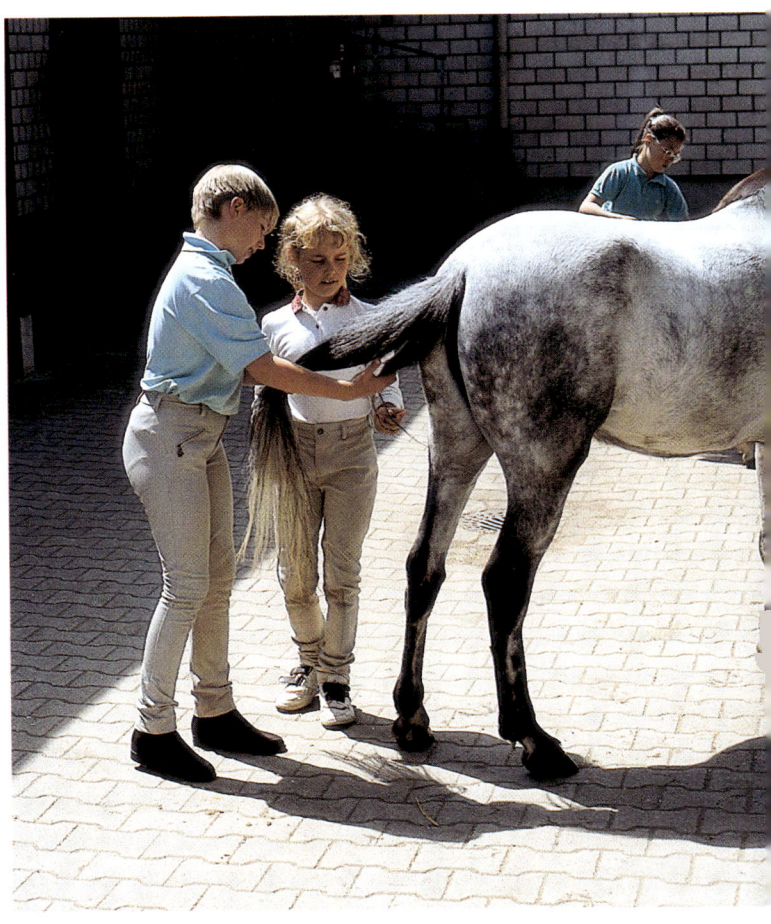

Den Schweif mit der Hand zu verlesen will gelernt sein.

Schneller geht es mit Hilfe von speziellem **Mähnen-** oder **Schweifspray** (im Reitsporthandel zu kaufen). Wenn du einen sauberen Schweif mit Schweifspray einsprühst, fühlen sich die einzelnen Haare hinterher so **glatt** an, daß sie dir mühelos durch die Finger gleiten. Du kannst den Schweif sogar mit einer **Bürste** bearbeiten, ohne daß Haare darin hängenbleiben.

Halte beim **Bürsten** aber sicherheitshalber die **Schweifhaare** unterhalb der Schweifrübe fest oder wickel sie dir einmal um die Hand.

Auf Hochglanz

Mit einem weichen Lappen, alten Handtuch oder speziellen Putzhandschuh kannst du dein Pferd zuletzt noch auf **Hochglanz polieren**.

Wische das ganze Pferd von Kopf bis Fuß noch einmal über. Sicher findest du irgendwo noch eine Stelle, die du beim Putzen vergessen hast!

Zum gründlichen Putz gehören auch das **Säubern** von **Augen**, **Maul** und **Hinterteil** mit dem Schwamm (Seite 30) und die **Hufpflege** (Seite 26).

Nach der Reitstunde
Versorgen nach jedem Ritt

Genauso selbstverständlich wie das Putzen vor dem Reiten sollte die Pferdepflege nach jedem Ritt sein. Wenn ein verschwitztes Pferd nicht fachgerecht versorgt wird, muß es vielleicht mehr als 20 Stunden lang mit verklebtem Fell bis zum nächsten Putzen ausharren.

Aus diesem Grund werden in manchen Reitställen die Pferde vor dem Reiten nur übergebürstet, und der eigentliche Grundputz wird auf die Zeit nach dem Ritt verschoben.

Trocken werden

Viele Pferde schwitzen regelmäßig bei der Arbeit – im Sommer unter der sengenden Sonne, im Winter unterm langen Winterfell. Das erste Ziel ist es, dafür zu sorgen, daß ein Pferd nach dem Ritt so schnell wie möglich wieder trocken wird, ohne auszukühlen. Pferde frieren selten, aber sie mögen keine Zugluft. Reite dein Pferd nach jeder Reitstunde mindestens so lange trocken, bis sich Puls und Atmung des Pferdes beruhigt haben.

→ Vermeide Wind oder Durchzug im Stall für ein noch feuchtes Pferd!

Tip

Wenn ein Pferd sehr nachschwitzt, dann lege eine Lage Stroh oder eine Fliegendecke unter die Stalldecke.

So kannst du einem Pferd helfen, wieder trocken zu werden:

- Lege eine leichte Abschwitzdecke auf. Sie transportiert die Feuchtigkeit aus dem Fell an die Außenseite der Decke.
- Ermögliche es dem Pferd, sich in der Reitbahn zu wälzen. Das wird allerdings nicht in allen Ställen gerne gesehen!
- Erlaube dem Pferd, sich in der Box zu wälzen – bleibe aber dabei für den Fall, daß dein Pferd sich festlegt.
- Reibe das Pferd mit einem Strohwisch ab. Ein altes Handtuch leistet den gleichen Dienst.

Reibe ein nasses Pferd mit kreisförmigen Bewegungen trocken.

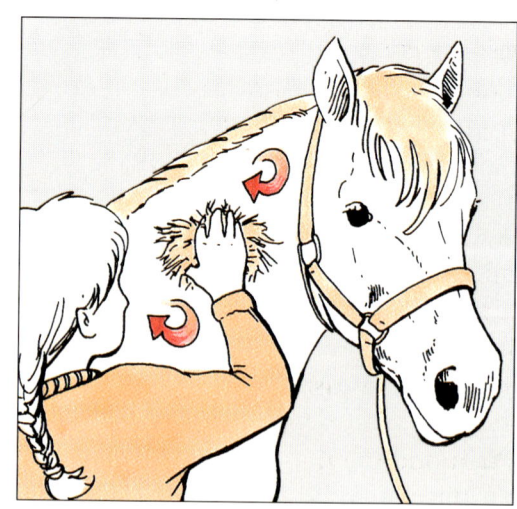

Bei kühlem Wetter leisten Abschwitzdecken nach dem Reiten gute Dienste.

Ist dein Pferd gesund?

Prüfe beim Absatteln und Abtrensen, ob das Pferd vielleicht Druck- oder Scheuerstellen von Sattel oder Zaumzeug davongetragen hat. Achte ganz besonders auf Stellen, an denen die Haut unter dem Fell rosa schimmert. Dort sind Pferde besonders empfindlich.

→ Fühle die Beine nach kleinen Verletzungen ab, vergiß dabei die Innenseite der Beine nicht!

Kratze die Hufe aus und überprüfe sie. Bei unbeschlagenen Pferden können die Hufe ausbrechen, bei beschlagenen Pferden Hufnägel verloren gehen und Eisen locker werden oder verrutschen.

Waschen oder Bürsten

Im Sommer freut sich das Pferd nach dem Reiten über die Behandlung mit Wasser. Ganz besonders schwitzen Pferde da, wo Sattel- und Zaumzeug aufliegen sowie an Hals und Brust, in den Flanken und zwischen den Hinterbeinen. Wasche alle verschwitzten, verklebten Stellen mit einem feuchten Schwamm ab. Kühle und säubere Beine und Hufe. (Alles über den Umgang mit Wasser steht auf den Seiten 30 bis 33). Je kühler es ist, desto weniger Wasser darfst du bei der Pflege verwenden. Bei Minusgraden ist die Pflege mit Wasser tabu. Bürste stattdessen verschwitzte Stellen mit der Wurzelbürste über.

Zeigt her eure Füße
Die regelmäßige Hufpflege

Regelmäßige Pflege

Das wichtigste Mittel zur Hufpflege ist – Wasser. Denn ein Huf, so hart er dir vielleicht auch vorkommt, ist elastisch. Um nicht spröde zu werden, muß er viel Feuchtigkeit speichern. Daher ist die **Pflege mit Wasser** wichtiger als das Auftragen von Huffett.

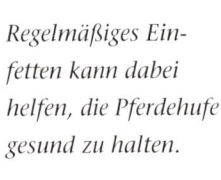

Tip

Versuche, selbst zu beobachten: Ist der Huf deines Pferdes eher trocken oder feucht? Richte dich mit der Hufpflege danach!

So hebst du einen Vorderfuß auf: Stütze das Pferdebein mit deinem eigenen Oberschenkel ab.

Saubere Füße

Kratze die Hufe jedesmal aus,
- wenn du das Pferd aus der Box geholt hast
- nach der Reitstunde
- nach dem Koppelgang oder Aufenthalt im Auslauf
- nach dem Ausritt.

Zum **Aufheben** eines **Vorderhufes** stellst du dich dicht neben die Pferdeschulter und umfaßt das Pferdebein von innen nach außen knapp unter-

Regelmäßiges Einfetten kann dabei helfen, die Pferdehufe gesund zu halten.

halb des Fesselgelenks. **Sprich** das Pferd dabei an! Viele Pferde kennen das Kommando: „Gib Huf!"

Zum **Aufheben** des **Hinterhufes** stellst du dich dicht neben das entsprechende Hinterbein. Umfasse das Bein knapp unterhalb des Fesselkopfes und hebe den Huf nach hinten hoch. Alle Hufe lassen sich leicht so **bewegen**, daß du sie bequem mit dem Hufkratzer bearbeiten kannst. Präge dir ein, wie ein Huf von unten aussieht. Bei einem **unbeschlagenen Huf** kannst du ein kleines Stück vom äußeren Hufrand entfernt deutlich die **weiße Linie** erkennen (Bild S. 28). Das ist die weiche Trennstelle zwischen der seitlichen Hufwand und der Hufsohle.

→ In der weißen Linie setzen sich besonders gern kleine Steinchen fest. Entferne sie sorgfältig!

Kratze den Huf vom Ballen in Richtung Spitze aus. Säubere die Strahlfurchen, aber achte darauf, daß du sie mit der scharfen Spitze deines Hufkratzers nicht verletzt.

Mit dem kleinen Bürstchen am Hufkratzer kannst du den Huf von außen abbürsten und losen Dreck aus dem Hufinnern entfernen.

Waschen und fetten

Die Behandlung mit Huffett oder Huföl dient dazu, die Feuchtigkeit im Huf zu bewahren.

Auch wenn ein blank geputztes Pferd mit gefetteten Hufen schön aussieht – auf das Fetten vor einem Ausritt

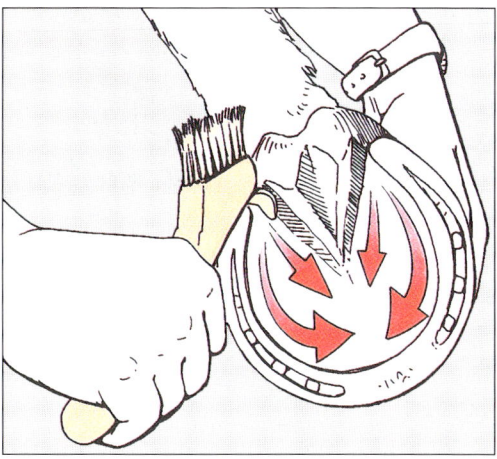

Kratze den Huf von oben nach unten, also vom Hufballen in Richtung Spitze, aus.

solltest du verzichten. Unterwegs kommt der Huf höchstwahrscheinlich mit nützlicher Feuchtigkeit in Berührung.

Ansonsten ist es sinnvoll, den Huf erst von innen und außen zu waschen. Dazu brauchst du einen Eimer Wasser und eine Waschbürste. Auf nassen Hufen hält das Fett nicht. Aber wenn die Hufe nur noch ein bißchen feucht sind, lassen sie sich gut fetten.

Huföl oder -fett wird mit einem Pinsel innen und außen auf den Huf auftragen. Besonders wichtig ist die Pflege des Kronenrandes – hier liegt das Wachstumszentrum des Hufes.

Wie oft Hufe gefettet werden müssen und welches Pflegemittel dafür am besten ist, darüber streiten sich die Pferde-Gelehrten. Wichtiger für die Gesundheit der Hufe ist allerdings eine ausgewogene Fütterung sowie eine saubere, trockene Einstreu.

So hebst du einen Hinterfuß auf: Fasse um das Pferdebein herum und stütze den Huf ab.

Gesunder Huf, kranker Huf
Warum Pferde zum Schmied müssen

Wunderwerk der Natur

Die Pferdehufe sind ein kleines Wunderwerk der Natur. Eine Reihe von Gelenken sorgt dafür, daß die Pferde sich auf ihren Hufen

- sehr gut ausbalancieren,
- auf schwierigem Boden zurechtfinden
- und starken Aufprall abfedern können.

Geschützt von einer unempfindlichen Horn-

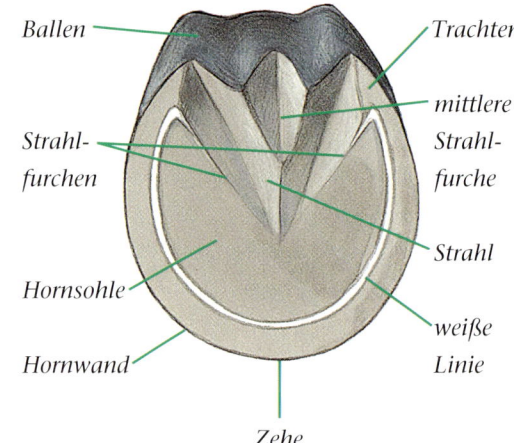

Ballen — Trachten

mittlere
Strahl- Strahl-
furchen furche

Strahl

Hornsohle

weiße
Hornwand Linie

Zehe

schicht, liegt im Innern des Hufes die von besonders vielen Nerven und Blutadern durchzogene, sehr empfindliche Huflederhaut verborgen.

Tip

→ **Kontrolliere regelmäßig, ob die Eisen fest sitzen und noch alle Hufnägel vorhanden sind.**

Kranke Hufe

Erkrankungen der Hufe sind für Pferde sehr schmerzhaft. Zum Beispiel kann sich bei falscher Fütterung oder

Überbelastung die Huflederhaut entzünden. Kleine, ganz unauffällige Verletzungen im Huf können ein Hufgeschwür verursachen. Vor allem in zu nassen Boxen kann Strahlfäule auftreten. Der Tierarzt und oft auch der Schmied können im Krankheitsfall helfen.

Regelmäßig zum Schmied

Hufe wachsen regelmäßig wie Fingernägel von oben nach unten nach. Bei der Berührung mit dem Boden laufen

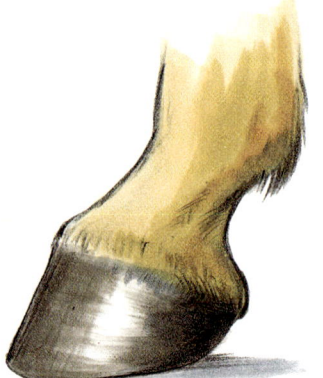
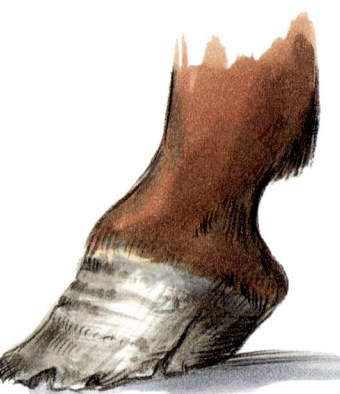

Der Unterschied ist deutlich: links ist ein gepflegter, rechts ein ungepflegter Huf zu sehen.

sie sich unregelmäßig ab – hier muß der Schmied helfen.

Wenn die Hufe zu stark abgelaufen sind oder ausbrechen, braucht ein Pferd schützende Hufeisen. Beschlagene Pferde müssen alle sechs bis acht Wochen zum Schmied, unbeschlagene am besten alle vier Wochen.

Besuche beim Schmied gehören zur fachgerechten Erziehung eines Fohlens. Die meisten lassen das Beschlagen brav über sich ergehen; nur einige wenige haben dabei Angst.

Der Schmied kürzt zunächst den Huf, schneidet überflüssiges Horn ab und korrigiert dabei die äußere Form. Die Kante zwischen äußerem Hufrand und der Hufsohle wird mit einer Feile gerundet – dann bricht der Huf nicht so leicht aus.

Benötigt ein Pferd Hufeisen, dann werden diese zunächst erhitzt, bis sie rotglühend sind, und dann auf dem Amboß mit dem Schmiedehammer in die richtige Form gebracht.

Das heiße Eisen wird kurz auf dem Huf aufgebrannt – das zischt und stinkt, tut dem Pferd aber nicht weh. Der Schmied kann dabei am besten sehen, ob sein Eisen richtig zum Huf paßt.

Mit den Hufnägeln – sechs bis sieben Stück für jeden Huf – werden die Eisen aufgenagelt. Auch das tut den Pferde nicht weh! Außen am Huf werden die Nägel festgenietet.

An den Eisen können rutschhemmende Stollen fest aufgeschweißt oder in ein Gewinde eingedreht werden.

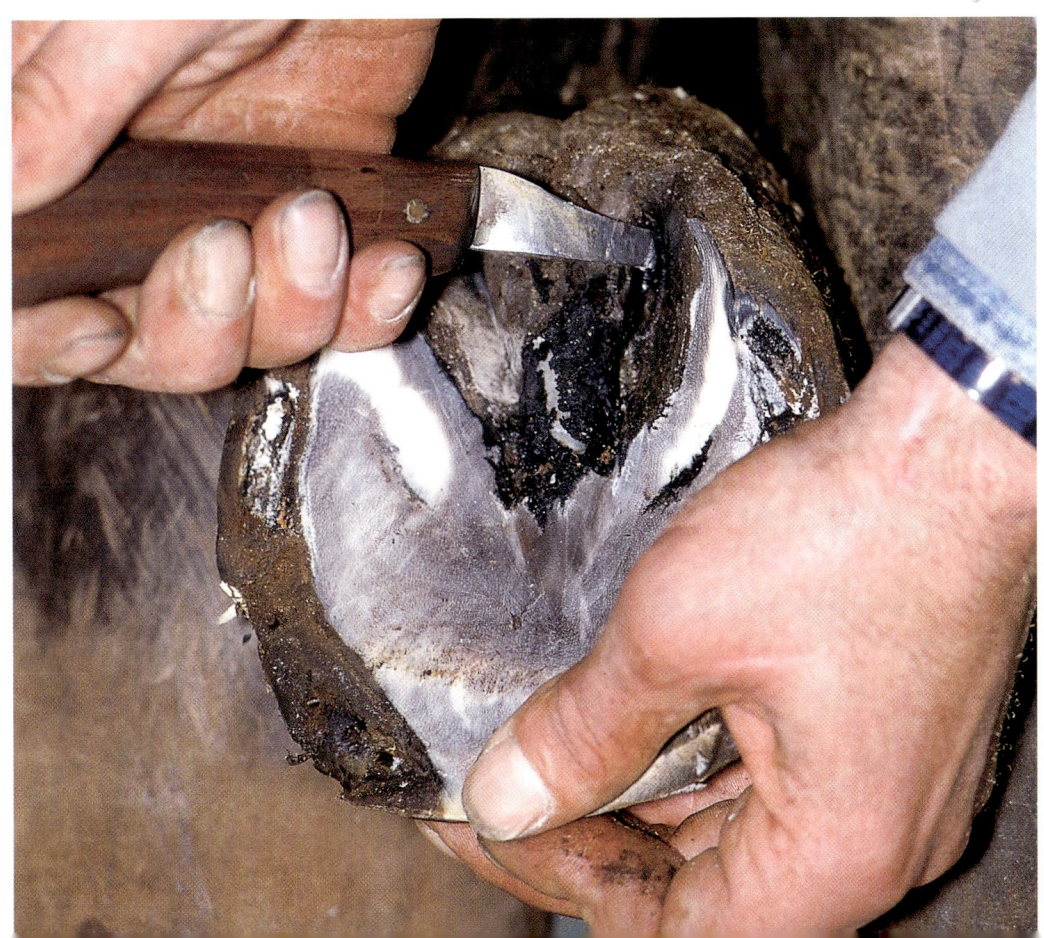

Wasser Marsch!
Mit Schwamm und Wasserschlauch

Wofür zwei Schwämme gut sind

Auf der Liste dessen, was zu einem vollständigen Putzzeug gehört, stehen auch zwei Schwämme.

→ Richte dir zur regelmäßigen Pflege mit Wasser einen kleinen Eimer mit zwei Schwämmen, einer Waschbürste und einem Schweißmesser ein.

Bearbeite am Kopf mit dem feuchten Schwamm:
- die Augenwinkel
- die Nüstern
- die Maulspalten.

Bearbeite am Hinterteil mit dem feuchten Schwamm:
- den After
- die äußeren Geschlechtsorgane.

→ Gewöhne dir an, die Schwämme beim täglichen Putz auch zu gebrauchen, außer bei Frostgraden.

Tip

→ **Stecke deine Schwämme regelmäßig in die Waschmaschine.**

Sei dabei vorsichtig! Nicht alle Pferde lassen sich an diesen empfindlichen Stellen gerne berühren.

Beziehe in die tägliche Pflege mit Wasser die Hufe ein. Wenn du sie nicht nach dem Reiten abspritzen willst, kannst du sie mit Hilfe deiner Waschbürste außen und innen säubern.

Nach dem Reiten

Bei warmer Witterung genießen die Pferde es, nach dem Ritt mit einem feuchten Schwamm abgewaschen zu werden.

→ Am allerliebsten mögen sie lauwarmes Wasser. Gönne deinem Pferd diesen Luxus, wenn du kannst.

Wische nach dem Reiten mit einem feuchten Schwamm all die Stellen gründlich ab, an denen dein Pferd besonders geschwitzt hat:
- wo die Trense aufgelegen hat
- hinter den Ohren, in der Kinngrube
- in der Sattellage
- in der Gurtlage
- an Hals und Brust
- in den Flanken
- zwischen den Hinterbeinen.

Wische mit dem Schwamm in Richtung der Pferdehaare.

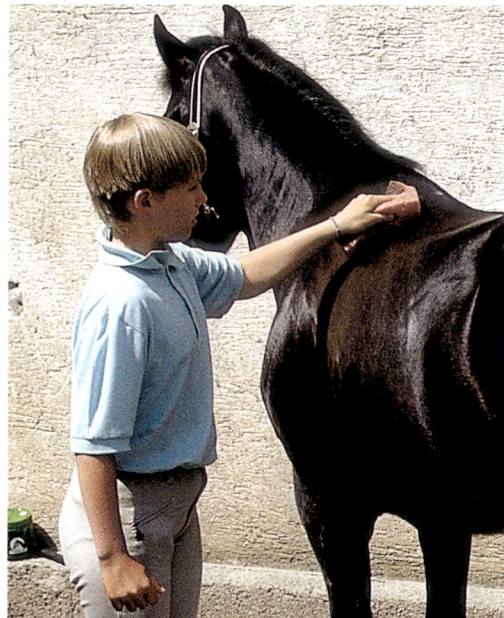

➡ Achte darauf, ob abgegrenzte Stellen in der Sattellage auffallend schnell trocknen. So kündigt sich ein beginnender Satteldruck an.

Mit dem Wasserschlauch

Wenn dir ein Schlauchanschluß zur Verfügung steht, dann spritze die Hufe und Beine deines Pferdes nach nur an, wenn es daran gewöhnt ist. Such dir andernfalls Unterstützung durch jemand, der dein Pferd hält. Arbeite mit einem nicht zu scharfen Strahl und bewege den Schlauch vom Hufrand aufwärts.

Achte darauf, daß der Schlauch nicht die Pferdehufe berührt und schleife oder rolle den Schlauch nicht

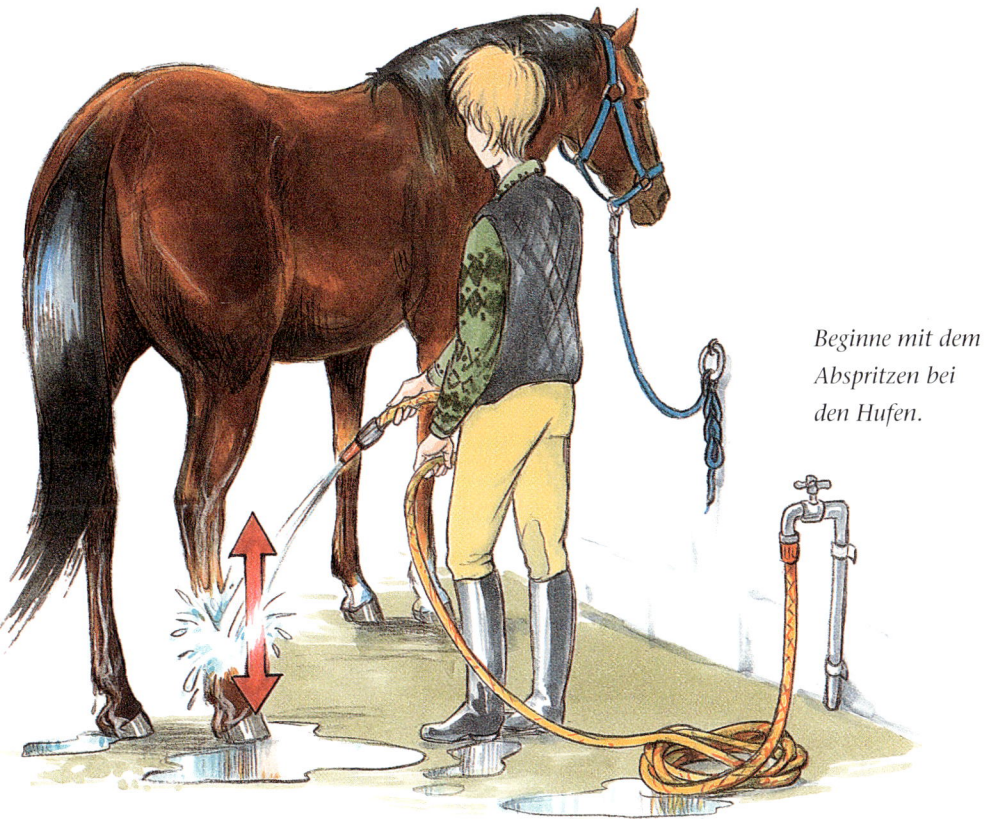

Beginne mit dem Abspritzen bei den Hufen.

dem Ritt ab. Die Behandlung mit dem Wasserschlauch dient nicht nur der Sauberkeit. Auf diese Weise werden auch die beanspruchten Sehnen gekühlt. So kannst du dazu beitragen, die Beine deines Pferdes gesund zu erhalten.

Binde ein Pferd zum Abspritzen

dicht neben den Hufen hin und her! Manche Pferde fühlen sich nämlich beim Anblick eines sich bewegenden Schlauches an ihren Urfeind Schlange erinnert und geraten in Panik.

➡ Streife mit Daumen und Zeigefinger restliches Wasser aus den Fesselbeugen.

31

Die große Wäsche
Wasser vom Kopf bis zum Schweif

Nur bei warmem Wetter

Pferde genießen bei heißem Wetter ein erfrischendes Bad. Die große Wäsche für dein Pferd solltest du dir aber nur bei Temperaturen über 25° C vornehmen. Außerdem sollte der Haarwechsel vom Winterhaar zum Sommerhaar abgeschlossen sein.

Die meisten Pferde mögen den Umgang mit Wasser. Falls du allerdings deiner Sache nicht sicher bist, dann suche dir für dein Vorhaben fachmännische Unterstützung.

Wenn du dein Pferd vom Kopf bis zum Schweif, von der Mähne bis zu den Hufen waschen willst, geht das am einfachsten mit dem Wasserschlauch.

Spritze erst Hufe und Beine ab, so wie dein Pferd es gewöhnt ist, und

Tip

Rechne damit, daß ein frisch gewaschenes Pferd sich gerne wälzen möchte.

Arbeite mit dem Schweißmesser in der Richtung, in der die Pferdehaare von Natur aus liegen.

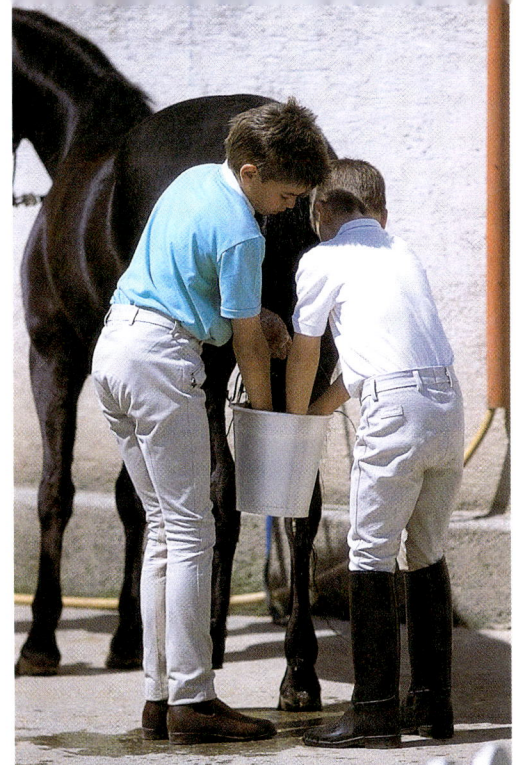

Beim Schweifwaschen muß der volle Wasser-
eimer angehoben werden – keine leichte Arbeit.

arbeite dich langsam bis zu den Ellen-
bogen- und Kniegelenken hoch.

Dann kannst du vorsichtig, mit
schwachem Wasserstrahl, Hals,
Schultern und Brust abspritzen. Bleibe
dabei dicht am Fell. Arbeite dich langsam zur Hinterhand vor. Spritze mit
dem Wasserschlauch nicht in Richtung Pferdekopf.

Soll dein Pferd gründlich sauber
werden, dann kannst du es mit Sham-
poo (Pferdeshampoo, Haarshampoo
oder Neutralseife) einreiben. Nimm
die Schwämme, eventuell auch deine
Waschbürste zu Hilfe.

Bearbeite den Pferdekopf nur mit
dem Schwamm und nicht mit Sham-
poo. Spüle zuletzt das ganze Fell noch
einmal gründlich ab. Geschafft!

Triefend, aber sauber steht dein vier-
beiniger Freund neben dir.

Wieder trocken werden

Damit dein Pferd beim langsamen
Trocknen nicht auskühlt, ist es wichtig, die überschüssige Feuchtigkeit aus
dem Fell zu streifen. Dafür brauchst du
ein Schweißmesser. Es hat meist zwei
Kanten: eine härtere aus Metall und
eine weichere aus Gummi. Mit der Me-
tallseite kannst du nur Stellen bearbeiten, an denen das Pferd unempfind-
lich ist! Nimm ansonsten die weiche
Gummiseite.

Laß den Kopf aus und bearbeite die
Beine nur bis zur halben Höhe. Von
Fessel, Fesselkopf und Fesselbeuge
kannst du das Wasser am besten mit
Daumen und Zeigefinger abstreifen.

Am schnellsten trocknet dein
Pferd, wenn du es in der Sonne spa-
zierenführst. Vermeide dabei aber
jede Zugluft!

Mit Eimern und vereinten Kräften

Die große Wäsche kann auch mit Hilfe
von Wassereimern durchgeführt werden. So viele Eimer Wasser herbeizu-
schleifen, ist allerdings ganz schön an-
strengend. Eine helfende Hand kannst
du auch beim Schweifwaschen gut gebrauchen. Du mußt nämlich die vollen
Wassereimer anheben, damit der
Schweif darin baden kann.

→ Wasche den Schweif des Pferdes
regelmäßig, bei Temperaturen unter
10° C aber nur die langen
Schweifhaare und nicht die
Schweifrübe.

Pferdemoden
Decken und Bandagen im Stall

Eindecken im Stall

Reitpferde werden oft im Winter **eingedeckt**. Nicht etwa, weil sie sonst frieren würden – sondern um das Fell am allzu üppigen Wachstum zu hindern.

Die **Länge** und **Dichte** des Pferdefells richtet sich nach der **Jahreszeit**, der Dauer des **Tageslichtes** und der **Außentemperatur**. Letzteres können wir Reiter

mit einer wärmenden **Decke** beeinflussen. In der kalten Jahreszeit stehen viele Pferde rund um die Uhr warm eingepackt in ihrer Box.

Decken **aufzulegen** und **abzunehmen** ist nicht immer ganz einfach. Es gibt die verschiedensten Methoden, diese Decken so sicher zu **befestigen**, daß sie auch beim Wälzen im Stall **nicht verrutschen**. Bei Stalldecken sind die **Befestigungsgurte** meist fest angenäht. Decken können

- an der Brust
- mit seitlichen Gurten

Tip

Wickle die Bandage mit der Verschlußseite nach innen auf.

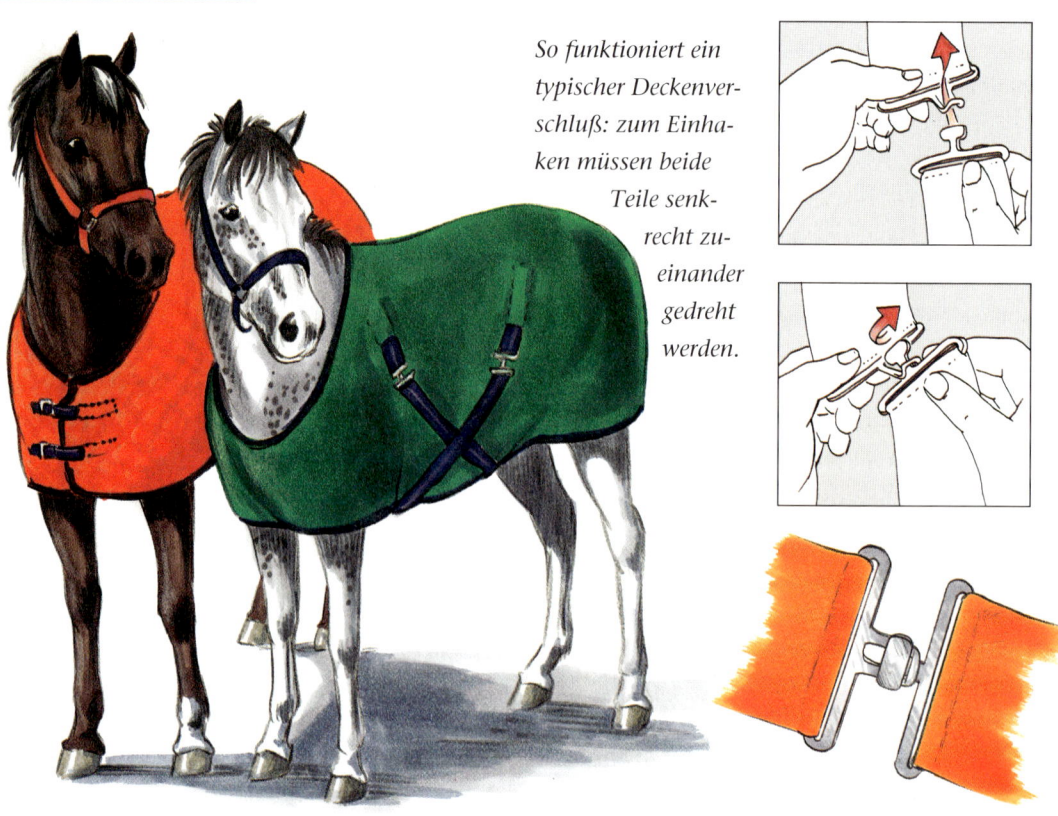

So funktioniert ein typischer Deckenverschluß: zum Einhaken müssen beide Teile senkrecht zueinander gedreht werden.

- mit Beinschnüren
- mit Schweifriemen

gesichert sein.

➜ Schau dir genau an, wie eine Stalldecke **befestigt** ist, bevor du sie abnimmst.

- **Latzdecken** haben einen breiten Latz unter dem Bauch.
- **Pulloverdecken** sind vor der Brust geschlossen; du mußt dem Pferd die Halsöffnung über den Kopf ziehen.
- Seitliche **Gurte** werden oft über Kreuz befestigt.
- **Beinschnüre** werden vor dem Schließen miteinander verkreuzt.

Stallbandagen

Manche Pferde benötigen nicht nur beim Reiten, sondern auch **im Stall** einen **Schutz** für ihre empfindlichen **Beine**. Sie werden **bandagiert**. Gut eingepackt, können sie sich auch beim Ausschlagen nicht selbst verletzen.

Bandagen sind – meist elastische – Binden mit Schnür- oder Klettverschlüssen. Damit die Bandagen die Durchblutung der Beine nicht verhindern, werden **gepolsterte Unterlagen** untergelegt.

Lege zum **Bandagieren** erst die Unterlage um die Fessel und wickle die Bandage dann in ungefähr vier bis fünf Runden **abwärts** und in dichteren Touren **aufwärts**. Die **Befestigung sitzt am oberen Rand**. Verschlüsse mit Schleifen und Knoten sollten an der **Außenseite** des Beines liegen und nicht auf die Sehne drücken.

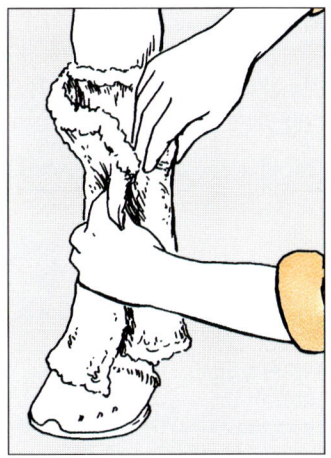

Wickle die gepolsterte Unterlage faltenfrei und gleichmäßig um das Pferdebein.

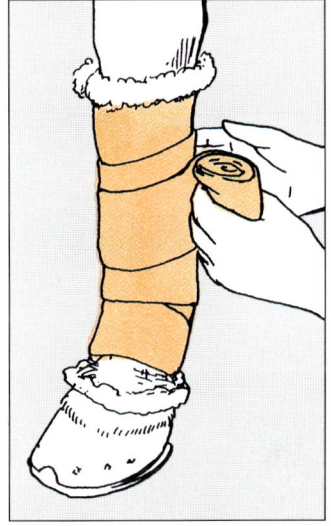

Beginne mit dem Bandagieren in der Mitte des Beines, arbeite zunächst von oben nach unten und wieder nach oben.

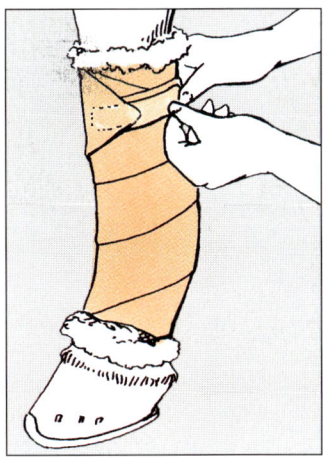

Damit kein Druck entstehen kann, steht die Polsterung oben und unten ein bißchen über. Der Bandagenverschluß sitzt an der Außenseite des Beines.

Mit der Schermaschine
Letzte Abhilfe gegen Schwitzen im Winter

Störendes Schwitzen

So nützlich ein langes, dichtes Fell gegen Wind und Wetter auch ist – beim Reiten stört es. Pferde, die sich im langen Winterpelz bei der täglichen Arbeit anstrengen, schwitzen sehr stark. Das dichte, lange Fell trocknet schlecht und die Pferde kühlen leicht aus.

Für Pferde mit sehr langem Winterfell, aber auch für Sportpferde, die auch im Winter trainiert werden, gibt es eine gründliche Abhilfe gegen das Schwitzen: die Pferde werden geschoren.

Mit beweglichen Messern

Um den langen Winterpelz abzuscheren, gibt es spezielle elektrische Schermaschinen. Der Umgang damit ist allerdings Aufgabe für einen Fachmann!

Wenn man mit elektrischen Geräten in der Nähe von Pferden arbeitet, ist äußerste Vorsicht angesagt. Pferde sind sehr empfindlich gegenüber Stromschlägen; ein Tritt mit dem

Tip

Achte einmal auf die Farben geschorener Pferde. Das Unterhaar ist oft heller als das Deckhaar.

Beim Scheren werden viele helfende Hände gebraucht.

Hufeisen auf ein stromführendes Kabel kann tödlich enden.

Beim Scheren muß sichergestellt sein, daß ein Pferd in keinem Fall auf das Kabel der Schermaschine treten kann.

Nicht alle Pferde lassen diese Prozedur freiwillig und gern über sich ergehen. Manchmal müssen sie Beruhigungspulver schlucken oder eine Nasenbremse ertragen, damit beim Scheren kein Unfall passiert.

Mit der Schermaschine wird in gleichmäßigen langen Strichen gegen die Fellrichtung gearbeitet. Die Führung des Scherkopfes erfordert einige Übung. Daher solltest du selbst das Scheren erst unter fachmännischer Anleitung erlernen, bevor du es auf eigene Faust versuchst.

Eine häufig zu sehende Scherfrisur: An den Beinen und in der Sattellage bleibt das lange Fell.

Scherfrisuren

Damit Pferde weniger schwitzen, brauchen sie nicht am ganzen Körper geschoren werden. Am wichtigsten ist das Entfernen der langen Deckhaare an Hals, Brust, Bauch und Flanken. Es ist daher oft sinnvoll, das Winterfell teilweise zu erhalten:

- am Kopf, um die Pferde nicht kopfscheu zu machen,
- an den Beinen, wo Pferde nicht so stark schwitzen,
- in der Sattellage als Schutz vor Satteldruck.

Dünnes, empfindliches Fell

Das geschorene Fell ohne schützende Deckhaare ist dünn und empfindlich. Geschorene Pferde scheuern sich eher

Hier sind nur Brust, Bauch und Flanken geschoren – die schnellste Scherfrisur.

unter Stalldecken, Sätteln oder Sattelgurten auf. Wo die Sporen des Reiters reiben, gehen ihnen leicht die Haare aus.

Geschorene Pferde müssen warm eingedeckt werden, bei sehr kalter Witterung auch mit zwei Decken.

37

Pferde beim Frisör
Mähne und Schweif verziehen

Natur oder Frisur?

Soll man die langen Haare eines Pferdes frisieren oder nicht? Über diese Frage sind in Reiterkreisen schon regelrechte Glaubenskämpfe ausgefochten worden. Laß dich dadurch nicht beirren!

Warmblüter und im **Reitpferdetyp** stehende **Ponys**, die im Stall gehalten werden, können ohne Gefahr für ihre Gesundheit oder ihr Wohlbefinden frisiert werden. Zum üblichen Schönheitsprogramm für Pferde gehören:

- eine kurze **Mähne**,
- ein gepflegter **Schweif**,
- gekürzte **Fesselbehänge**.

Tip

→ **Betrachte beim frisieren dein Arbeitsergebnis öfters aus etwas größerem Abstand. So siehst du Unregelmäßigkeiten deutlicher.**

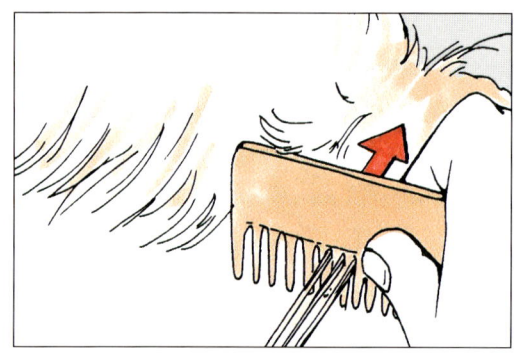

Fasse eine überstehende Haarsträhne und schiebe das benachbarte Haar nach oben.

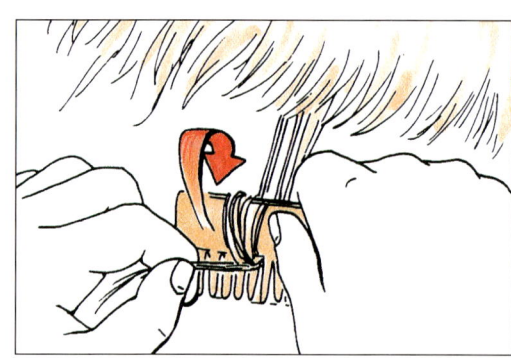

Wickle die Haarsträhne einmal um deinen Mähnenkamm und halte das Ende fest.

Mähne verziehen

Für das **Verziehen** der Mähne brauchst du einen kleinen **Mähnenkamm**. Auch ein spezielles **Mähnenmesser** kann dir gute Dienste leisten.

Eine vorschriftsmäßig verzogene Mähne soll auf einer Halsseite liegen und vier Finger bis eine Hand breit sein. Sie soll trotzdem ganz natürlich und nicht abgeschnitten aussehen.

Damit die Mähne **glatt** liegenbleibt,

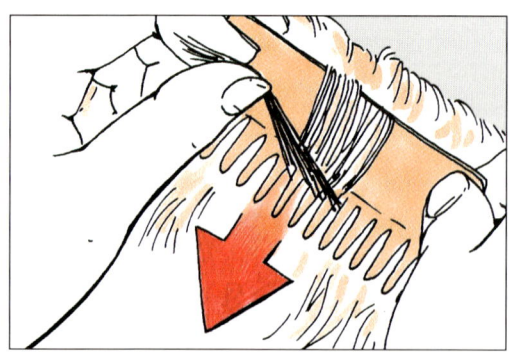

Ziehe die Haarsträhne mit kräftigem Ruck aus.

Die Mähne soll ungefähr eine Handbreit lang sein.

Laß dir beim Kürzen des Schweifes unbedingt helfen! So hebt man einen Schweif an.

mußt du sie **ausdünnen**. Auf der linken Seite kannst du sehen, wie das geht. Das Ausreißen der Haare ist für Pferde nicht so schlimm; die meisten lassen es brav über sich ergehen.

Letzte Korrekturen kannst du mit einem gezackten Mähnenmesser anbringen.

➔ Achte darauf, daß die Mähne **gleichmäßig** lang und gleichmäßig dicht wird!

Fesselbehänge kürzen

Mit einer gebogenen **Fesselschere** kannst du überstehende Haare am Fesselkopf von unten nach oben kürzen.

➔ Übe das Frisieren behutsam. Mit der Devise „einfach abschneiden" ist es nicht getan!

Schweif frisieren

Profis bearbeiten den **Schweifansatz** mit der Schermaschine, dir empfehle ich dafür eine **Schere**. Allerdings ist das Bearbeiten der Schweifrübe nicht unbedingt nötig; auch ein schmal **eingeflochtener** Schweif (S. 42) sieht elegant aus. Der Schweif soll, frei getragen, bis eine Handbreit unter die Sprunggelenke reichen. Er wird unten gerade abgeschnitten.

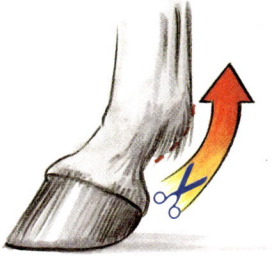

Die überstehenden Haare am Fesselkopf werden von unten nach oben entfernt.

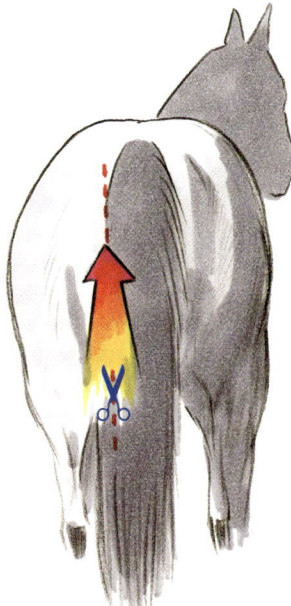

Zum seitlichen Ausschneiden der Schweifrübe wird die Schere von unten nach oben geführt.

Schön fürs Turnier
Tips und Tricks zum Einflechten der Mähne

Zöpfchen in der Mähne

Für alle **besonderen Gelegenheiten** – wie Auftritte auf dem Turnierplatz, Pferdeschauen, Auktionen oder Schaunummern – tragen Pferde einen besonderen Schmuck: die **eingeflochtene Mähne**.
→ Schau selbst: die kleinen **Zöpfchen** lassen den Hals eines Pferdes länger und das Genick eleganter wirken.

> ## *Tip*
> **Flechte nicht zu viele Zöpfe. Vierzehn bis einundzwanzig Stück genügen!**

Einflechten leichtgemacht

Wie ein ganz normaler **Zopf** aus drei Strähnen zustande kommt, weißt du vermutlich. Falls nicht, zeigt dir das nebenstehende Bild, wie es geht.

Zum **Einflechten** brauchst du folgende Dinge:

- einen Hocker, Strohballen, eine stabile Putzkiste oder ähnliches, auf dem du stehen kannst;
- einen kleinen Eimer Wasser, einen Schwamm und eine Wäscheklammer;
- einen Mähnenkamm, Mähnengummis und evt. weißes Klebeband.

Wickle als Markierung für die geplante Breite deiner Zöpfe ein Mähnengummi um deinen Kamm.

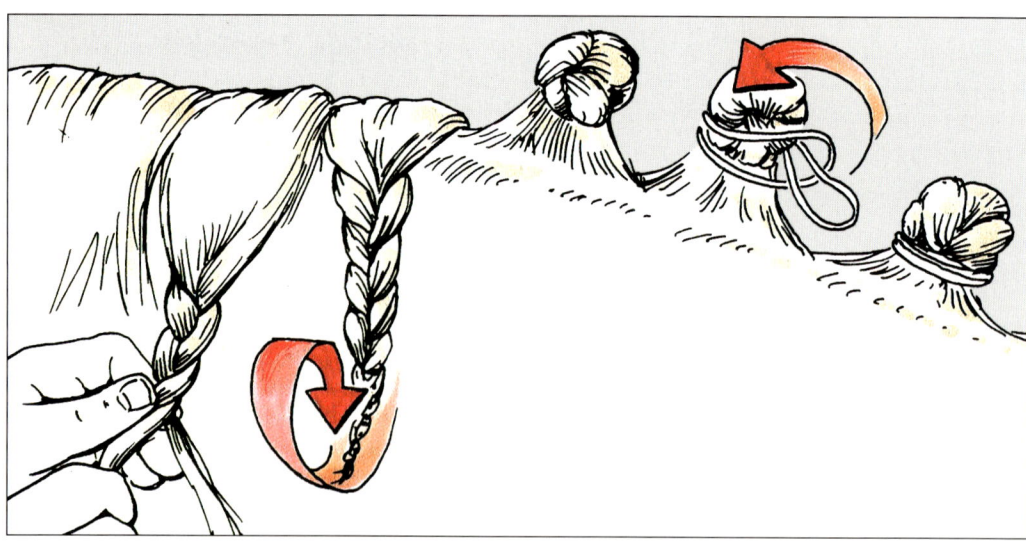

Von links nach rechts siehst du die Arbeitsschritte für das Einflechten der Mähne: Flechten, Aufrollen, Befestigen mit dem Mähnengummi.

Beim Flechten mit drei Strähnen werden die äußeren Strähnen abwechselnd über die mittlere gelegt.

Feuchte die Mähne vor dem Einflechten abschnittweise an.

Beginne mit der Arbeit am Genick; teile die Schopfhaare nach vorn ab.

Teile mit dem Mähnenkamm die Haare für das erste Zöpfchen ab und beginne zu flechten. Mit Hilfe der Wäscheklammer kannst du das noch nicht geflochtene Haar seitlich fernhalten.

→ Lege die Zöpfchen immer **gleich breit** an. Unregelmäßig breite Zöpfe fallen viel eher auf als unregelmäßig dicke.

Wickle am unteren Ende ein **Mähnengummi** um den Zopf. Am besten klappt die Befestigung mit Hilfe einer Schlinge. Sollen die Zöpfchen wie kleine **Knöpfe** oben auf dem Mähnenkamm sitzen, dann schlage sie nach oben um und befestige sie mit einem zweiten Gummi. Sollen die Zöpfe an der Seite liegen, dann schlage sie nach innen um. Zum Schluß kannst du die Zöpfe noch mit weißem **Klebeband** umwickeln.

Auch der **Schopf** wird auf diese Weise eingeflochten.

Zöpfchen müssen nicht sein
Langhaarfrisuren für den großen Auftritt

Locken und französische Zöpfe

Die Frisurenmode für **Pferdeschweife** kommt dir vielleicht seltsam bekannt vor. Sie ist nämlich unseren Modefrisuren ziemlich ähnlich... Rastalocken lassen den Pferdeschweif üppig und voll aussehen. Wer's mag, muß nach dem Waschen den noch feuchten Schweif flechten, flechten, flechten... Statt die langen Haare in viele kleine **Rastazöpfe** zu bändigen, kann man ihn auch in einen **einzigen Zopf** verwandeln. Nach dem Trocknen erscheinen großzügige Wellen.

Einen **natürlich gewachsenen**

Tip

→ **Flechte den französischen Zopf erst kurz vor dem Auftritt. Diese Frisur gelingt schnell, hält dafür aber nicht lange.**

Schweif kannst du vom Schweifansatz an nach unten schmal **einflechten**. Gearbeitet wird wie bei einem sogenannten „französischen Zopf". Du beginnst mit drei kleinen Strähnen und nimmst jedes Mal **von der Seite** eine weitere kleine **Strähne** mit. Nach ungefähr 15 bis 20 Zentimetern wird der Zopf frei zu Ende geflochten, mit einem Mähnengummi befestigt und nach innen umgeschlagen.

Ein Schachbrett auf der Kruppe

Ganz besonders raffiniert wirkt ein **Schachbrettmuster** auf der Kruppe. Früher wurde es mühselig mit Hilfe eines Mähnenkamms angefertigt; heute gibt es dafür spezielle **Schablonen**. Die Zeichnungen zeigen dir, wie du ohne große Mühe deinem Pferd ein Schachbrett zaubern kannst.

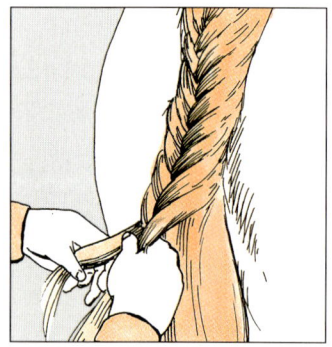

Beim Einflechten des Schweifes wird jeweils eine neue kleine Strähne von der Seite mitgefaßt.

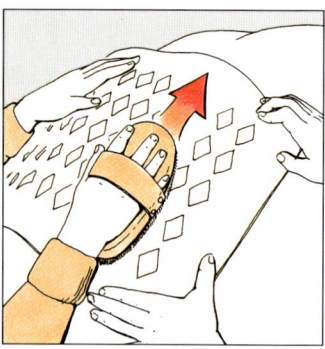

Lege die Schablone auf das angefeuchtete Fell und bürste gegen den Strich.

Hebe die Schablone vorsichtig an – du kannst das Schachbrett schon sehen. Laß es trocknen!

Frisuren für lange Mähnen

Eine Vielzahl von Zöpfchen sieht nur bei einer kurz frisierten Mähne hübsch aus. Pferde mit langen, **naturbelassenen Mähnen** müssen deswegen keineswegs das Nachsehen haben. Hier siehst du zwei Möglichkeiten, lange Mähnenhaare dekorativ einzuflechten.

Bei der **längs eingeflochtenen** Mähne beginnst du im Genick mit einem Zopf. Flechte in Richtung Widerrist und nimm bei jedem Flechtgang eine **neue Strähne** Mähnenhaar mit dazu.

Schön fürs Turnier: die lange Mähne des Shetlandponys wurde mit bunten Bändern längs eingeflochten.

Hier kannst du die längs eingeflochtene Mähne ganz genau sehen.

Du kannst bunte Bänder, sogar Blumen mit einflechten. Dieser Zopf ist nicht sehr haltbar, dafür geht er schnell. Aber er hält nicht über Nacht.

Das **Gitter** in der Mähne sieht toll aus und ist gar nicht schwierig herzustellen. Teile die Mähne dazu in gleich breite Strähnen und umwickle jede Strähne ziemlich weit oben auf **gleicher Höhe** mit einem **Gummi**. Teile jede der Strähnen in zwei Hälften und

fasse zwei benachbarte Enden wieder mit einem Gummi zusammen. Dieses Prinzip setzt du bis zum unteren Ende der Mähne fort.

Achte **auf gleichmäßige Abstände** in der **Breite** und in der **Höhe** deines Gitters!

➔ Du kannst die Gummis mit einem farblich passenden **Klebeband** umwickeln.

Das Gitter in der Mähne sieht viel raffinierter aus, als es herzustellen ist.

Probleme beim Putzen
Wenn Pferde sich wehren

Leider wissen nicht alle Pferde die Pflege zu schätzen. Wenn ein Pferd sich dagegen wehrt, frage dich:

■ Liegt es am Pferd? Ist es empfindlich, kitzlig oder aufgeregt?

■ Liegt es an dir? Bist du ungeschickt, ungeduldig, ängstlich?

Der Fehler kann auch in der Vergangenheit liegen. Vielleicht hat das Pferd in seiner Jugend das Putzen nicht gründlich kennengelernt. Vielleicht hat es ein Vorbesitzer beim Putzen unsachgerecht behandelt oder gestraft. Vielleicht fehlt dem Pferd überhaupt der nötige Respekt vor dem Menschen.

Zappelphilipp

Ein Pferd, das beim Putzen einfach nicht stehenbleibt, kann lästig sein. Es zappelt und trampelt hin und her und tritt dir am Ende noch auf den Fuß. Klarer Fall von mangelnder Erziehung!

→ Gehe mit jedem schwierigen Pferd ruhig und energisch um. Binde es kurz an, am besten von rechts und links gleichzeitig, und entferne alle Gegenstände aus der Reichweite der Hufe. Vermeide Ablenkungen durch durch Futter, andere Pferde oder lautstarke Menschen. Wenn das nicht hilft, laß es von jemandem halten. Du wirst sehen: Stillstehen wirkt Wunder!

*Unruhiges
Herumzappeln*

An die Wand quetschen

Versucht ein Pferd, dich an die Wand zu quetschen, dann ist das ein Zeichen von großer Frechheit. Falls du Angst davor hast, das Pferd mit lauter Stimme und einem Klaps auf die Hinterhand zurückzuscheuchen – dann suche dir jemand, der den Kampf mit dem Pferd aufnimmt!

Freches An-die-Wand-Quetschen

Schlagen und Beißen

Hufe und Zähne des Pferdes sind seine Waffen. Die darf es nicht gegen uns Menschen gebrauchen. Allerdings gibt es Vierbeiner, die es sich regelrecht zur Gewohnheit gemacht haben, die Ohren anzulegen, die Zähne zu blecken, in die Luft zu beißen oder einen Hinterfuß in deine Richtung anzuheben. Manchmal reichen energisches Auftreten, ein lautes Kommando und fachgerechte Handgriffe aus, um dir Respekt zu verschaffen.
Wenn ein Pferd ernsthaft beißt oder schlägt, dann nimm Reißaus! Solche – zum Glück seltenen – Pferde sind keine Kumpel für Kinder.

Drohendes Anheben des Hinterbeines

Drohendes Ohrenanlegen

45

Pferde pflegen heißt Pferde mögen

Freundschaft schließen

Pferde zu pflegen ist die allerbeste Möglichkeit, mit Pferden Freundschaft zu schließen. Denn nur von einem Freund läßt sich ein Pferd gern von Kopf bis Fuß berühren. Beim Putzen findest du viele Gelegenheiten, ein Pferd zu streicheln und herauszufinden, welche Berührungen es besonders gern hat. Du lernst seine Vorlieben und Abneigungen kennen.

Tip

Opfere ein Paar alte Jeans und Oberteile als Arbeitskleidung bei der Pferdepflege.

Du weißt, was es besonders gern hat und was es gar nicht mag; du kennst sein Lieblingsfutter, seinen besten Pferdefreund und weißt, wovor es Angst hat. Allmählich kannst du den Gesichtsausdruck und die Körpersprache eines Pferdes deuten.

→ Du und dein Pferd, ihr könnt euch ohne Worte verstehen.

Putzen lernen

Aber Putzen will auch gelernt sein. Nur mit Streicheln und einer „Schmusebürste" ist es nicht getan. Nimm dir Zeit und mach dir die Mühe, die richtigen Handgriffe beim Putzen zu lernen. Das ist vielleicht mühsam und zeitraubend, aber es lohnt sich. Alle

Pferde wissen sachverständigen Umgang zu schätzen! Aber nicht nur die Pferde:

→ In jedem Reitstall wird man dich als Pferdefreund anerkennen, wenn du fachgerecht putzen kannst.

Es gibt ein paar Vorurteile, die du nicht übernehmen solltest:

- Putzen ist Mädchensache.
- Putzen ist etwas für Anfänger.
- Putzen ist etwas für Leute, die nicht reiten können.

Das Gegenteil ist der Fall. In vielen großen Ställen arbeiten Männer erfolgreich als Pferdepfleger. Viele sehr gute, erfolgreiche Reiter putzen ihre Pferde gern selbst. Und das eigenhändige Frisieren ihrer Turnierstars ist beinahe Ehrensache für viele Turnierreiter.

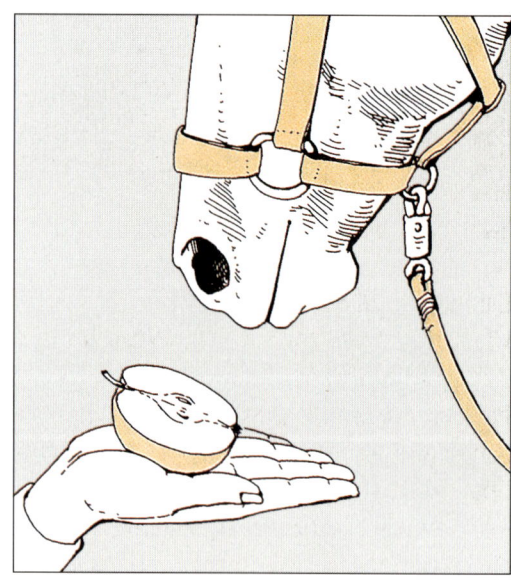

Füttere Pferde aus der flachen Hand nur mit ausgestreckten Fingern und angelegtem Daumen!

Zwei, die sich ohne Worte verstehen...

Dein Pflegepferd

Vielleicht wünschst du dir ja auch ein **Pflegepferd**. Damit dir jemand sein Pferd anvertraut, mußt du dich allerdings erst als **vertrauenswürdig** erweisen!

Hier sind ein paar Tips dafür, wie du dich garantiert **beliebt** machen kannst:

- Komme rechtzeitig vor jeder Reitstunde.
- Versorge dein Pferd gründlich nach der Reitstunde.
- Kehre freiwillig.
- Bringe eigenes Putzzeug mit, wenn im Schulstall etwas fehlt.
- Biete in den Ferien oder am Wochenende einmal deine Hilfe an.
- Verteile Leckerbissen nur, wenn du vorher gefragt hast.

Die Autorin

Isabelle von Neumann-Cosel, Jahrgang 1951, ist Journalistin, Reitlehrerin und Richterin. Sie hat im FN*verlag* unter anderem „Das Pferdebuch für junge Reiter", fünf Titel einer Sachbilderbuchreihe und zwei FN-Lehrfilme über die Reitausbildung von Kindern veröffentlicht. In der Reihe der FN-Hufeisen-Sachbücher erschienen bereits drei Titel der Autorin.

Foto: Thome ©

Die Illustratorin

Jeanne Kloepfer, Jahrgang 1966, ist Diplom Grafik-Designerin und Illustratorin. Sie lebt und arbeitet in Heidelberg. Nach dem Studium entschloß sie sich für die Selbständigkeit und ist sowohl in der Werbung als auch bei Verlagen tätig – mit dem Schwerpunkt „Pferde".

Was Pferdefreunde wissen wollen

Jeweils 48 bzw. 64 durchgehend farbig illustrierte
Seiten, Format 17 x 24 cm, gebunden, je DM 26,80

**Kleines Hufeisen –
Großes Hufeisen.
So klappt die Prüfung**
ISBN 3-88542-296-4

**Pferde – meine besten
Freunde**
ISBN 3-88542-318-9

In der Reitschule
ISBN 3-88542-319-7

Pferdepflege macht Spaß
ISBN 3-88542-322-7

**Kleine Ponys –
große Pferde**
ISBN 3-88542-323-5

Das Sachbilderbuchprogramm zum Vorlesen und für Erstleser

Jeweils 32 Seiten mit durchgehend farbigen
Illustrationen, Format 21 x 26 cm, gebunden,
je DM 24,80

Das Pferdebuch für Kinder
ISBN 3-88542-287-5

Das Ponybuch für Kinder
ISBN 3-88542-288-3

**Das Buch vom
Pferdepflegen für Kinder**
ISBN 3-88542-294-8

**Das Buch vom
Pferdestall für Kinder**
ISBN 3-88542-295-6

**Das Buch vom
Reiten lernen für Kinder**
ISBN 3-88542-317-0

1. Pferde brauchen Menschen

Pferde sind auf uns Menschen angewiesen. Wir Pferdefreunde tragen die Verantwortung dafür, daß es jedem einzelnen Pferd gut geht – auch du.

4. Alle Pferde sind wertvoll

Alle Pferde verdienen Pflege und Zuneigung, egal ob jung oder alt, Weidepony oder Turnierpferd, Zuchthengst oder ausgedientes Schulpferd. Wir Pferdefreunde wissen, daß alle Pferde gleich gut behandelt werden müssen – auch du.

2. Pferde müssen richtig versorgt werden

Pferde brauchen Wasser und Futter, Licht und Luft, viel Bewegung und Kontakt zu anderen Pferden. Wir Pferdefreunde sorgen dafür, daß es jedem Pferd gut geht – auch du.

3. Die Gesundheit geht vor

Gesundheit und Zufriedenheit des Pferdes sind wichtiger als Erfolge um jeden Preis. Uns Pferdefreunden geht das Wohl jedes einzelnen Pferdes vor – auch dir.

5. Pferde und Menschen haben eine lange gemeinsame Geschichte

Zwischen Pferden und Menschen besteht seit Tausenden von Jahren eine enge Verbindung.
Wir Pferdefreunde sind bereit, vom enormen Wissen früherer Zeiten und fremder Kulturen über Pferde zu lernen – auch du.

6. Pferde sind gute Lehrer

Pferde spüren Ungeduld und Unbeherrschtheit. Sie belohnen Freundlichkeit und Geduld. Wir Pferdefreunde lernen gern von unseren Pferden – auch du.